岩　波　現　代　文　庫

文庫からはじまる

「解説」的読書案内

関川夏央

Natsuo Sekikawa

文芸 366

岩波書店

目　次

I

II

I

明治二十年代「金《かね》の世《よ》」における職業としての文芸

――伊藤整『日本文壇史3　悩める若人の群』

　明治十四年、西南戦争の戦費調達に発した通貨膨張によって日本経済は近代化以後最大の物価高に襲われたが、明治十六年から十八年までの強力なデフレーション政策、いわゆる「松方デフレ」によって明治十九年には、物価は明治六年水準まで沈静した。

　この間、明治十四年に石(百五十キログラム)あたり十一円二十銭、すなわち一升(一・五キログラム)あたり十一銭二厘の高値をつけた米価も、明治十九年には石あたり五円八十銭と急落した。強力なデフレ政策の結果、農民と地主など生産者の購買力は急減し、維新以来最悪の不景気となった。

　このデフレ政策は日本が近代経済の枠組を引受けるための避けがたい陣痛だといえたが、疲弊した各地の農村で絶望的な暴動が起こり、それが近代国民国家の中核をなす軍隊によって鎮圧されると、農民たちの多くは離農し都市に流れこんだ。その多くは未熟練の労働者として日傭《ひよう》取りとなり、あるいは人力車夫となって、東京市内の、維新後には放置されがちで所有者もあいまいとなっていた寺社地をなし崩しに占拠するようにして住みはじめた。数年のうちに居住者は増して四谷鮫ケ橋、下谷万年町、芝新網などに大規模な貧民街が形成された。

明治初年、明治新政府は殖産興業政策の柱に官営の製糸、紡績工場を各地に設立した。しかし小規模工場を中心としたので輸出産品としては無力ではかばかしい成果を上げられず、これを勃興しはじめた民間資本に任せることにした。

明治十六年、一万五千錘という蒸気機関による輸入紡績機を備えた大阪紡績が開業した。明治二十二年頃からは、名古屋、堂島、三重、天満、浪華、東京、平野、尾張、鐘淵などの大紡績工場があいついで誕生し、日本の産業革命はここに緒についた。これらの工場はデフレによって没落した農村の余剰労働力、ことに安価な女性労働力を吸いあげて、労働者という新たな階層を生み出しつつあった。

二葉亭の年少の友であり、晩年の一葉とも交遊した横山源之助の『日本の下層社会』によれば、それらの工場は「大抵いずれも屋根は鋸歯状をなし瓦を以てこれを葺《ふ》き、天井の一部を玻璃《ガラス》張となし、空気抜構造にて開閉自在」な構造で、「上層に水槽を備え自働防火器を設置」して、「各部ごとに若干の掃除夫を置」いた、まさに近代そのものの相貌を持っていた。

のちに社会主義者となった山川均は、岡山県倉敷近郊の農村に生まれ、明治二十三年には十歳だった。その頃のことを彼は『昔と今』につぎのようにしるした。

ところが二十三年にこの村に紡績工場ができると、生活は大きく変っていった。朝、昼、夕、三度鳴りわたる気笛の響きは、村の沈滞した空気をはげしくゆり動かした。村の生活にとっては、ペリーの軍艦が浦賀の沖に現われた以上の出来事であった。その結果、社会的な身分や家の格式に対する尊敬などは急速になくなり、これに代わって貧富という基準で考える考え方が、だんだん強くなっていった。

すなわちこの明治二十年代のはじめ、日本は「金《かね》の世《よ》」へと移ったのである。人々は金をいとしくも恨みにも思い、金にすがって生きのび、金に見離されて死ぬ世になったことを実感したのである。

日本の若く未熟な資本が紡績に厖大な設備投資を行なったこの明治二十三年は、安価なインド製品に押されて綿糸輸出がまったく不振となり、各工場が過剰在庫をかかえて操業短縮に追い込まれた年でもある。このとき日本ははじめて世界経済の枠組内部での不況を経験した。明治十六年以来石あたり六円前後で安定した推移をみていた米価は一挙に九円まではねあがり、都市住民の生活は圧迫された。

「放浪組の隊長」と自称した松原岩五郎は、貧民労働者の救済を夢想していた理想主義者の青年横山源之助とともに二葉亭の弟分を任じ、夜な夜な三人で東京の底辺彷徨をつづけていたのだが、明治二十五年秋、二十六歳のとき徳富蘇峰の主宰する国民新聞社に月給十円で入社した。その頃、文学は男子一生の仕事にあらず、として官報局に出仕していた二葉亭の月給は四十円で、その年のうちに四十五円に昇給した。

松原岩五郎は、入社後ただちに四谷鮫ケ橋の貧民街におもむき、彼がいうところの「貧大学」で残飯屋の人足として働きながら学び、その見聞を新聞紙上に発表した。

明治二十六年『最暗黒の東京』として上梓されたその報告によると、残飯屋は一日三回、市ケ谷の士官学校の裏門に出向き、そこで残飯を十五貫目あたり五十銭で買いとる。これが鮫ケ橋の住民たちの主食で、一貫目(三・七五キログラム)あたり五、六銭で売られた。五人家族の場合、残飯二貫目ほどを一日で食べ、これは米に換算すると二升半になる。明治十年代には残飯は無料さげわたしだったが、明治二十年代に入り貧民街での需要が拡大すると、士官学校厨房でもその売却代金を収入として当てこむようになったのだった。

貧民の多くが従事している人力車夫ならば一日の稼ぎ三十銭でましな方、土方、日雇い人、芸人は平均して二十二、三銭の収入と松原岩五郎は書いている。明治二十年代なかばにおける東京の人口は百二十万人、その市中に六万台の人力車があり、うち四万台が稼働していた。経済の近代化はまず大量の客運労働者を生産するのである。

人力車夫の場合、十八歳から三十五歳までの壮健な一等車夫で一キロメートル走行につき三・四四銭が平均的労賃で、一日に六十五銭を得る。三十歳から四、五十歳までの体力やや衰えた二等車夫なら一キロにつき二・六二銭、一日では三十銭の水揚げだが、六十歳前後の老耄《ろうもう》車夫となると一キロあたり二・一五銭、一日走行距離の極端な低下とあいまって、わずか十六銭五厘の収入しか得られない。この二等車夫以下が貧民街の住人の主流で、彼らは「客車的長屋」三畳に一家で住み、洗いものは外、厠は十家族ほぼ四十人の共用の借家で一日家賃二、三銭、「雑巾の如く側を綴《つ》ぎ集めたる」貸布団一夜一銭という生活を営んでいた。

このような貧民街にも多くの小店があった。住民がもっともなじみ頼りにしたのは質屋で、たとえば晩には小商い用の「秤《はかり》量を典じて飯櫃を請出し、朝には襦袢《じゅばん》を以て」人力車夫の衣裳たる「股引の入替」をするような客がほとんどだった。また、その町の子供たちがもっとも愛着したのは、子供向けの雑貨や駄菓子を商い、ひとり一銭どころかわずか二厘三厘の買物をたのしむ文久店《ぶんきゅう》だった。

文久店とは文久三年発行の文久四文銭がそのまま一厘五毛の価値で流通したことから名づけられた。そこでは一枚八厘に勘定された天保銭はもとより、青銭と呼ばれた寛永通宝から、果ては応永十八年つまり一四一一年に明から大量に輸入されて流布した永銭(永楽銭)までが補助通貨として認められていたのである。

その文久店向け卸売市場は神田多町、須田町あたりにあり、十文銭市場と呼ばれていたが、ここに、士族しか着ない習慣が残っていた羽織姿を人にちらちらと見られながら元手の二十銭を握りしめて、明治二十六年夏から定期的に仕入れに通ったのが、二十一歳の一葉樋口夏子だった。

明治二十二年、一葉の父則義が死んだ。甲州を出奔し、幕府瓦解の前年、慶応三年にようやく八丁堀同心の株を買って士分となった樋口則義は、維新後には東京府や警視庁に勤めた。そのかたわら闇金融や土地家屋の売買に手を染め、とりわけ土地家屋の目利きを自ら任じて、出物を見つけると頻繁に引っ越した。一葉は父の死までに合計九回の引っ越しを経験したが、則義は死の前年の明治二十一年、荷車請負業組合の設立に奔走して私財を投じて失敗、失意のままに没したのである。

樋口家では明治二十一年に、その療養費の負担が家産を傾ける原因となった長男泉太郎が結核で死に、すでに一葉が家長となっていた。父親の遺言で一時は婚約者となった渋谷三郎にも逃げられた一葉は、母滝子と妹邦子をともなって本郷菊坂のどぶ川沿いに住まいした。そして彼女は小説を書いて生活を立たせようと決意したのである。それは明治二十三年九月末のことであり、明治二十四年一月にはじめての習作「かれ尾花一もと」を書いた。だが、その年はついに原稿を金にかえることはできなかった。

翌明治二十五年には七篇の小説を書いた。このうち「都の花」に掲載された「うもれ木」は一枚二十五銭、四十七枚で十一円七十五銭、「暁月夜」は一枚三十銭、三十八枚で十一円四十銭を彼女にもたらした。「うもれ木」が採用されると決まったとき、母滝子はその通知の葉書を保証がわりに知人から六円借りた。その他の原稿の稿料はつまびらかではないが、この年一葉が得た原稿料は三十五円ほどだった。一葉と母と妹の三人は和田芳恵の推定では月に七円程度、年に八十円あまりで暮らしていたとされるが、その二等車夫の月収九円よりも少ない極貧の家計さえ、筆ではささえることができなかった。

窮した一葉は、明治二十六年六月二十九日に一家で相談のうえ小商売をすることに決めた。七月二十日、下谷龍泉寺町に家賃一円五十銭、敷金三円の小さな家を借り、八月六日から近所の子供たち相手に文久店の商売をはじめたのである。

小さな客は一日に百人もあったが、なにしろ商いが小さいものだから、多い日でも六十銭、少ない日は四十銭くらいの売上げで、儲けがその半分ほどになるにしても一日あたりせいぜい二、三十銭の収入では、やはり細民の生活を脱することができなかった。しかし、それまで父則義をはじめ、同郷の実力者で晩菘《ばんすう》真下専之丞のひきで江戸に出たものたちが旧幕時代以来構成し、瓦解後も本郷近辺に集まり住みながら維持してきた濃密な甲州人たちのネットワークの内部でのみ生活した一葉は、この遊廓に隣接した町でまったく別の世界に出あうことになった。

伊藤整は書く。

士族の子として育てられ、その後は中島歌子の塾にいて、貧乏はしていたが、俗世間というものをこれまで知らなかった夏子は、ここに店を営んでいる間に、現実に社会に触れ、遊廓のまわりに渦巻いている人間臭にふれ、巷の子供たちの胸の中にある小さな喜びや悲しみを知った。

夏子は、ここに暮すことで、夢想的な文学と恋愛という世界から解放され、人間の世界の実在に身をもって接触したように感じた。夏子ははじめて、生き生きと人間の姿の目に浮ぶような小説を書けるような気がして来た。

この場末の、経済的には希望のない日々のうちに「たけくらべ」という作品と、そして明治二十七年暮れの「大つごもり」執筆にはじまる、いわゆる一葉の「奇跡の一年」はひそかに準備されていたのだった。

一葉が下谷龍泉寺町の文久店の小商売に倦み疲れて店をたたみ、彼女の終《つい》の棲家となる本郷丸山福山町四番地、阿部邸の山の崖下にある家賃三円の家に移ったのは明治二十七年五月一日である。

その頃の日本経済の事情はどうだったただろうか。

明治十九年、東京外国語学校を退いた二葉亭四迷が「小説総論」を発表した年の物価を一〇〇としたとき、日清戦争が起ったこの明治二十七年には一二六とインフレ基調に転じ、翌二十八年一三五、二十九年一四五、三十年一六一、三十一年一七〇と上昇しつづけた。

さらにはなはだしいのは米価である。「明治二十三年不況」の際、おなじく明治十九年を一〇〇とした指数で一七七の高値をつけた米価だが、その後は一応の落着きを見せて二十六年までは安定していた。それが急騰したのはこの明治二十七年である。石あたり十円二十銭と十円の大台を越え、明治十九年価格に対して指数一七五となり、翌二十八年には十一円四十銭、一九六となった。明治二十九年には大冷害で東北地方に飢餓が発生し、さらに死者二万七千名という三陸大津波が追討ちをかけると、明治三十年には各地に米騒動が頻発する状態となり、ついに明治三十一年には十八円九十九銭、二九一という狂乱的高値をつけた。

その結果、都市の給料生活者の暮しは著しく圧迫された。職工の給与は、明治二十六年には一日あたり平均四十・五銭だったものが、明治三十年には五十四・二銭、同三十一年には五十九・六銭で、それぞれ一・三四倍、一・四七倍となったにすぎず、物価、ことに米価の上昇率との懸隔はいっそうはなはだしくなった。

横山源之助が調査した東京のある旋盤工、三十六歳で家族三人の明治三十年の家計はつぎのようなものである。

収入は、一日十時間労働で日給六十五銭、月に二十五日働いて合計十六円二十五銭である。

一方支出となると、まず八畳、四畳、三畳の家の家賃が四円である。米代は七円六十銭で、この年の相場を平均して石あたり十三円とすると約五斗八升を月に消費している。一日あたり二升弱を三人で食べたのである。副食費と合計した食費全体では十一円二十銭、ほかに一升二十銭の安酒を月に五升飲む。これらにランプの石油、薪炭、湯銭、被服、下駄・草履、子供の小遣などを含めたひと月の総支出は二十三円五十四銭となり、すでに毎月七円二十九銭の赤字である。この赤字分はさらに四時間の残業、合計十四時間労働と女房の内職で埋められるのだが、まさに家長の健康と好況を前提とした綱渡りのような生活で、これが東京市井にある熟練工のありふれた収支のありさまだった。

しかし、日本の資本主義は日清戦争前後から急速に成長してもいた。戦前、明治二十六年には株式会社の資本金総額は三億円だったが、戦後の三十年には七億円と急増した。工業は日本の村々の伝統的手工業を駆逐しながら大量生産の方向性をはっきり打ち出し、明治二十五年に対して明治二十九年には綿糸で二・一倍、製紙でも二・一倍、畳表は四・五五倍に達した。

明治二十六年の松原岩五郎は『最暗黒の東京』で貧民街を、いわば「忘れられた人々」として描いたが、明治三十二年『日本の下層社会』における横山源之助には都市細民と工場労働者をはっきりと「階級」ととらえる視点が育っている。

このように日清戦争直前から日清・日露の戦間期には、産業革命の進行とともに新たな都市像と、そこに住む新たな大衆像が成立し、それはやがて労働組合運動の隆盛へとつながっていくのである。一方、中農富農層には、この間の通貨膨張と米価上昇で地租が相対的に下落したため余剰金が生じ、これが鉄道を中心として基幹産業に投資された。こうした資金源によって日本の近代化は加速されたのである。

そんな流れのなか、文芸読者層というものが日本にはじめて成立し、文芸もまた非力ながら商品となる可能性が生じてきた。明治二十八年はその記念すべき年で、「帝国文学」「太陽」「文芸倶楽部」という有力な文芸誌があいついで発刊された。「太陽」と「文芸倶楽部」はいずれも新興の有力出版社博文館の発行だが、ことに「太陽」は創刊号を五版まで刷り増して合計十二万部を売りきった。それ以前の文芸誌の平均的発行部数二千五百部から見れば、まったく破天荒な数字だった。

少しのちの明治三十年一月一日から「読売新聞」で連載され、毎朝小僧女中までが門口に立って新聞を待っていると噂されたほどの人気を誇った尾崎紅葉の『金色夜叉』での仇役富山唯継《とみやまただつぐ》は、この博文館の二代目大橋新太郎をモデルとしていた。銀行家の富山はその指の「三百円の金剛石《ダイアモンド》」を見せびらかして鴫沢宮《しぎさわみや》の心を惑わすのだが、三百円とはその当時の都市の職工の月収の十五カ月分、おなじ頃第五高等学校の教授をしていた漱石の月収の三カ月分、また紅葉自身が読売新聞から貰う給料のやはり三カ月分という額だった。

紅葉は、鴫沢宮に去られた間貫一《はざまかんいち》に、「此恨《このうらみ》の為に貫一は生きながら悪魔になって、貴様のような畜生の肉を啖《くら》って遣《や》る覚悟だ」といわせ、「金色夜叉」、すなわちその頃日本でもっとも頼られ、かつ恐れられた高利貸となる決意を固めさせて日清戦争後の「金の世」を批評しようとしたのである。

しかし、まだ近代資本制の外側にいた紅葉は、間貫一を投資家にしようとは構想しなかった。現実には、この戦間期以後、生活者相手の高利貸に安住して近代的基幹産業への投資を忘れていては、とうてい一流の「金色夜叉」にはなれないのだった。

一葉はその最晩年に、わずかに出版産業成立の余恵にあずかった。

「大つごもり」も「たけくらべ」も「文学界」に書いたもので、この雑誌は同人誌とほとんど選ぶところはなかったから、作品の質は最上でも、経済的に得るところは少なかった。しかし、博文館の編集責任者、大橋乙羽の依頼を受けて、明治二十八年五月、「太陽」に「ゆく雲」を書いたときには、一葉は、その冷静な表情の奥で、かすかな得意の感情を禁じ得なかった。

七月には読売新聞の執筆依頼状を受けとり、九月には博文館のもうひとつの新創刊有力誌「文芸倶楽部」に「にごりえ」を発表した。そして十二月、「文芸倶楽部」の閨秀小説号に「十三夜」と「やみ夜」を掲載したが、この雑誌は三万部がたちまち売切れ、その後もいく度か増刷を重ねた。この誌上に十数人名前を連ねた女流小説家のうち、もっとも好評を博したのは一葉だった。

明治二十九年四月十日、前年の一月から一年かけて「文学界」に書きつづけた「たけくらべ」を「文芸倶楽部」に一括発表すると、一葉の文名は最高潮に達した。「日本新聞」では子規が、「めざまし草」では露伴と鷗外がこの作品を絶賛し、「一葉何者ぞ」と文芸界はいっせいにわきたった。

明治二十九年五月二十四日、一葉の家を希代の毒舌家、斎藤緑雨が訪ねてきた。このふたりの「すねもの」は、たがいに不思議な友情を感じあい、わずか二カ月の間に少なくとも六回会った。

六月のある夜、緑雨は一葉に、文学の仕事を離れて下賤な身分のものになりたい、こんな馬鹿野郎どもの集まりのなかにいると胸糞悪いから吉原遊廓の風呂番にでも落着きたい、ひとりなら月に六円もあれば細々と暮せる、といった。緑雨は、その頃成立を見た「文壇」への嫌悪を飽かず語って、仮名垣魯文最後の弟子として江戸の残光を背負った作家の「金の世」における不遇ぶりを嘆いたのである。

緑雨の言葉にひそかな共感と同情とを抱いた一葉は、それから半年もしないうちに死んだ。わずか四年半だけ活動したこの天才作家は、文壇と縁薄く過ごしたが、新たに出現しつつあった近代読者群からの恩恵もほとんど受けることなく、最後まで金を恨みに思いつづけてこの世を去った。二十四年半余の生涯だった。

（講談社文芸文庫、二〇〇八年五月）

鷗外が眺めた「燈火の海」

——森鷗外『舞姫』

明治十七(一八八四)年十月、陸軍省官費留学生・鷗外森林太郎は五十日の長旅の末ベルリンに着いた。ベルリンに十日ほど滞在したのち、ライプチヒへ向かい、ライプチヒ大学で学んだ。一年後ドレスデンに移り、ザクセン軍医監のもとで軍隊衛生学を研究した。さらにミュンヘンに移って、一年間ミュンヘン大学で過ごし、明治二十年四月ベルリンへ向かった。二年半ぶりのベルリンであった。

鷗外は『舞姫』にしるす。

余は模糊《もこ》たる功名の念と、検束に慣れたる勉強力とを持ちて、たちまちこの欧羅巴《ヨーロッパ》の新大都の中央に立てり。なんらの光彩ぞ、わが目を射んとするは。なんらの色沢《しきたく》ぞ、わが心を迷わさんとするは。

はじめて「欧羅巴の新大都の中央」に立ったとき、すなわち留学初年に鷗外は二十三歳だった。しかし『舞姫』では留学時の主人公の年齢を二十二歳、ドイツ国内を学びめぐってベルリンに回帰したときを二十五歳だったとしている。ヨーロッパ流の満年齢に従おうとしたとも考えられるが、『舞姫』エリスに邂逅して以来ほぼ二年交流がつづいたとしていること、さらに「天方伯《あまがた》」にともなわれたロシア行を明治二十一年の冬とし、ベルリンへの帰着を明治二十二年の元日としている点はあきらかに事実と異なっている。実際には鷗外は明治二十年、数え年二十六の四月から翌明治二十一年七月に帰国の途に上るまで、明治二十年秋のひと月足らずのオーストリア方面への旅行を除き、約一年三カ月間ベルリンにとどまっていたのだった。

この、事実と物語の微妙な時間的落差に作者のいかなる意図が隠されているかはわからない。どんな作家でも事実と体験とをなんらかのかたちで作品に反映させるが、鷗外の虚実皮膜の間はきわめて薄い。あるいは虚は実に入りこみ、実は虚の側にいつの間にかたぐり寄せられているといった巧緻な文芸が組立てられているようなのだ。

鷗外はベルリン市街の散策を好んだ。『舞姫』の主人公、太田豊太郎もまたそうであった。

「ある日の夕暮れなりしが、余は獣苑《じゅうえん》を漫歩して、ウンテル・デン・リンデンを過ぎ、わがモンビシウ街の僑居《きょうきょ》に帰らんと、クロステル巷《こう》の古寺の前に来《き》ぬ。余はかの燈火《ともしび》の海を渡り来て、この狭く薄暗き巷《こうじ》に」入った。

そこは高層住宅やら地下室やらが重畳《ちょうじょう》としていりくむ一画である。窓々にはシーツやら洗濯物やらが干してある。老いたユダヤ人がたたずむ酒場がある。袋小路状のその小さな街区の入口には、くぐり戸がしつらえられ、部外者の侵入を拒絶している。中世以来のゲットーのにおいさえする。

だが鷗外は旧《アルト》ベルリンのこの地域を好み、よく歩いた。そして「心の恍惚《こうこつ》となりてしばし佇みしこと幾度なるを知ら」なかった。

「獣苑」(ティーアガルテン)はベルリン市街西部、シュプレー川左岸にある。その北東の角がブランデンブルク門である。

ブランデンブルク門を西端として、東西一マイル、幅一九八フィートものウンテル・デン・リンデンの大通りが発している。それは、四列の菩提樹で歩道、車道、騎馬道、散歩道に区分された大通りである。当時の東京で車道と歩道の街路樹による区別のあったのは銀座煉瓦街だけで、その幅は七二フィート(十二間)にすぎなかった。

シュプレー川左岸は、まさに「欧羅巴の新大都」の名にふさわしい偉容を持っており、またベルリンはこの当時信じがたい人口膨張を経験していた。一八五一年には四十万にすぎなかったベルリンの人口は、一八七一年には八十二万、一八七七年には百万、そして鷗外が帰国する一八八八年にはなんと百五十万に達していた。産業革命と鉄道の発達が短時間に飛躍的な人口増大をもたらしたのである。

大学も図書館もこのシュプレー川左岸にあったから、鷗外は昼をこの計画的建設による新市街ですごし、黄昏どきには川をわたって東へ歩き旧市街へ戻った。

その日課を反映する『舞姫』の主人公、太田豊太郎は「モンビシウ街の僑居に帰らんと」して「燈火の海を渡り来て」、「クロステル巷《こう》の古寺の前」で舞姫エリスとめぐり会ったのである。輝かしいウンテル・デン・リンデンと、密集し錯綜した家屋で古色に塗りこめられたクロステル巷との劇的な対比を、鷗外は意図してきわだたせている。

太田豊太郎はやがてエリスとその老母の住む「巷《こうじ》」の家に棲むことになった。

朝食が終わればエリスは劇場の稽古に出掛ける。豊太郎はケーニッヒ街の新聞縦覧所へ出向く。すでに官職を解かれていた彼はここでドイツ新聞を読み、日本の新聞記事となりそうな材料をあつめることをたつきの途にしている。

新聞は何日分もまとめて長い板切れに綴じこまれている。ここではコーヒーも出す。

やがてこのシステムは日本にも輸入されて喫茶店の走りとなったのだが、いまも日本の喫茶店の多くに備えつけの新聞と雑誌があるのは、はるか明治の名残である。午後一時近くになればエリスが稽古から帰り、この店に立寄る。そして、ふたりは連れだって路地奥の寓居に帰るのである。

屋根裏の一燈かすかに燃えて、エリスが劇場よりかえりて、椅《いす》に寄りて縫ものなどする側《そば》の机にて、余は新聞の原稿を書けり。

栄達の希望はもはや消え、いつの日か欧州の土になるという不安は拭いきれずとも、またたとえかりそめの安定つかの間の平穏であろうと、いまは幸福である。その生活を見守り、隔離された小さな空間を象徴するものが、かすかに燃える「屋根裏の一燈」なのである。

しかるに豊太郎は明治二十一年の暮れ、親友相沢謙吉に説得され、エリスとの「情縁を断たんと約」する。彼の性格は、自分に敵するものには頑強に抵抗するが、「友に対して否とは対《こた》えぬ」のである。「人の心の頼みがたきは言うも更なり、われとわが心さえ変り易きをも悟り得たり」という苦い独白は、実にこのことをさしている。「本国をも失い、名誉を挽《ひ》きかえさん道をも絶ち、身はこの広漠たる欧州大都の人の海に葬られんかと思う」不安ゆえに天方伯と同行したひと月あまりのロシア旅行中、ついに帰国を決意したはずなのに、豊太郎はベルリンに帰着したあとも悩みに悩む。放心したまま凍った街をさまよい、たびたび馬車にひかれそうになる。再び彼は「獣苑」のベンチにすわりこんで、「死したるごときさまにて幾時をか過し」た。

ときは北欧の一月である。夜に入ると雪はさらに繁く降って、ふと気づけば帽子の庇《ひさし》にも外套の肩にも一寸ばかり積もっていた。時刻はもう十一時すぎ、鉄道馬車の軌道は雪に埋もれ、シュプレー川左岸の大通りは居並ぶ「瓦斯燈《ガスとう》の寂しき光」に照らされている。

ウンテル・デン・リンデンの酒家はまだにぎわっていて、そのあかりは表に漏れ出して雪を染めているが、彼はそのかたわらを無感動に通りすぎる。約四キロの道のりを凍えた足で一時間あまりかけて歩き、クロステル巷にたどり着く。そして陋巷のとば口に立って降りしきる夜の雪のなか、四階の屋根裏部屋を見上げる。エリスはまだやすまずに豊太郎の帰りを待っている。

炯然《けいぜん》たる一星の火、暗き空にすかせば、明らかに見ゆるが、降りしきる鷺《さぎ》のごとき雪片に、たちまち掩《おお》われ、たちまちまた顕《あらわ》れて、風に弄《もてあそ》ばるるに似たり。

それは彼の目に異界のともしびと映った。

ようよう部屋にたどりついた豊太郎は、そのまま肺炎で病床にふせって人事不省の数週間をすごす。そのため、エリスへの告別という重大な仕事は親友の相沢謙吉に託されることになった。余儀ないこととはいえ、豊太郎は無意識のうちに責任を回避したのである。彼の裏切りに絶望したエリスは、腹に子供を宿したまま精神に病いを得て、悲劇は終幕を迎える。

この物語では「燈火」が重要な意味を持っている。

主人公とエリスとの間に横たわっていたのは、ウンテル・デン・リンデンを中心とする地域の広大な「燈火の海」である。彼はその「燈火の海」を渡って旧《アルト》ベルリンに達し、「屋根裏の一燈」または「炯然たる一星の火」のもとに身を寄せ、一年ののちには、東京の一室にまたたくべき一燈を切なく想像して、エリスの横顔を照らし出すともしびを捨てたのである。そしてその「一燈」こそ、「燈火の海」に対立するものとして想定され、「守るところを失わじと思いて、おのれに敵するものに抵抗」する、鷗外の宿命のような性癖をも表現しているのである。

明治四十二年五月、二葉亭四迷長谷川辰之助はヨーロッパからの帰途、インド洋上にある賀茂丸船中で肺患のために死んだ。鷗外は二葉亭とはその生前、ただ一度だけ、それも一時間足らずしたしく言葉をかわしたことがあるばかりだったが、二葉亭を悼む気持は強く、その年の八月『長谷川辰之助』を書いた。

鷗外は臨終のきわにある二葉亭の姿を想像した。

病身の二葉亭は船上にある。すでに暮れなずんだインド洋上、二葉亭はひさびさに甲板上に出て、籐の寝椅子に横たわっている。

程好《ほどよ》く冷えて、和《やわら》かな海の上の空気は、病ある胸をも喉《のど》をも刺戟《しげき》しない。久し振で胸を十分に広げて呼吸をせられる。何とも言えない心持がする。船は動くか動かないように、昼のぬくもりを持っている大洋の上をすべって行く。暫《しばら》く仰向《あおむ》いて星を見ていられる。本郷弥生町の家のいつもの居間の机の上にランプの附いているのが、ふと画《え》のように目に浮ぶ。併しそこへ無事で帰り著《つ》かれようか、それまで体《からだ》が続くまいかなどという余計な考《かんがえ》は、不思議に起って来ない。

長谷川辰之助君はじいっと目を瞑《つむ》っておられた。そして再び目を開かれなかった。

死に臨んだ二葉亭の脳裡を瞬間、本郷弥生町（実際には西片町）の自室、机上に置かれた一燈の映像がよぎった。

二葉亭にとって、すなわち彼の心理を想像し定着した鷗外にとって、それは守るべきおだやかな私生活を象徴するなにものかであった。しかし、二葉亭の精神はもはや静まる黄昏の海となかば溶けあっていたから、霏々《ひひ》たる雪のベルリン街頭をさまよう太田豊太郎のように煩悶することはなかった。

翌明治四十三年五月、鷗外は『普請中』を書き、六月号の「三田文学」に掲載した。このとき鷗外は数え年四十九だった。

主人公の高級官僚、渡辺参事官は歌舞伎座の前で路面電車を降り、一町ばかり東へ歩く。万年橋の手前で右へ曲がって、木挽《こびき》町の河岸《かし》を逓信省《ていしんしょう》の方へ少し行く。たしかこのへんにあったはずだが、と彼は思う。

果たして小さな看板が見つかった。「精養軒ホテル」とある。それは二十二年前の秋、万里の海を旅し、鷗外のあとを追って来日したエリスがほぼひと月滞在していた場所である。『普請中』の渡辺は、その同じホテルでむかしなじんだ白人の女性と会食することを約しているのだった。

彼女は芸人である。歌い手である。ドイツ人らしく、ライプチヒの町の思い出を渡辺と共有している。おそらく、いっしょにロシア旅行をしたこともある。

彼女は来日する半年ほど前、ユーラシア大陸のさい果てであるウラジオストクまで、情人のピアノ弾きの男といっしょに流れてきて、しばらくその町のホテルで歌っていた。東京には二日前に着いたばかりで、愛宕山《あたごやま》のホテルに投宿している。前日、渡辺を彼女は突然訪問した。そのときふたりが会した場所は、銀座のプランタン、あるいは資生堂パーラーのあたりか。いずれも鷗外が好んだ店だ。

そして築地精養軒ホテルのダイニングルームである。

彼女は「ブリュネット」で「褐色の、大きい目」を持っている。「この目は昔たびたび見たことのある目である」。「しかしその縁《ふち》にある、指の幅ほどな紫がかった濃い暈《かさ》は、昔なかったのである」。

二十数年前のベルリンの少女、エリスの髪の色は「薄きこがね色」すなわちブロンドで、「青く清らにて物問いたげに愁いを含める目」を持っていた。鷗外は髪と目の色を正反対にかえ、さらに歳月の残酷な仕打をそこにつけ加えた。

彼女は、近日中にアメリカへ行くという。日本では商売にならないという。ひきとめて欲しげなようすだが、渡辺はそうしない。むしろ離日を慫慂《しょうよう》する。

それが好《い》い。ロシアの次はアメリカが好かろう。日本はまだそんなに進んでいないからなあ。日本はまだ普請中だ。

やがて食事の用意ができた。客ふたりに給仕が三人つく。もはや話ははずまない。鷗外は『普請中』を書くひと月あまり前、明治四十三年三月三十一日、あるイギリス人に招かれて愛宕山上の東京ホテルで夕食をとっている。五月九日にはふたりのドイツ人を築地精養軒ホテルに招いている。これらの経験をつなぎあわせ、ふと「技《ぎ》癢《よう》」を感じた鷗外は『普請中』を書いたのだろう。

愛宕山にのぼった鷗外は、おそらく山上から東京の夕景を見おろした。街の燈は美しくも冷えびえとした輝きを放っている。鷗外はかつて、ベルリン市シュプレー川左岸の「燈火の海を渡り来て」エリスに出会った。そして「臆病なる心は憐憫の情に打ち勝たれて」「覚えず側に倚り」「何故に泣きたもうか」と問いかけた。彼は青年であった。彼女は少女であった。

しかし、エリスとともにあった「炯然たる一星の火」を見捨て、それから二十余年の歳月を「フィリステル」として生きてきた自分と過去とをへだてるものも、またその燈火の海なのであった。それは世間であり、国境であった。時の広大な流れそのものでもあった。

いま明治四十三年初夏、築地精養軒のダイニングルームに会した彼と彼女との間には、そのとりかえしのつかぬ歳月、二度とは交わらぬ人生を物語るように、広いテーブルがある。卓上に置かれた大きな花籠が邪魔して、ふたりは視線さえ満足に合わせられない。

食事が果てたとき、主人公はその花籠よりも高くシャンペンの杯をかかげる。ふたりの記憶のためでなく、ましてふたりの将来のためでなく、ただ彼女のポーランド人の情人のためにあげられた杯は、鷗外の冷情な永訣の仕草であった。

まだ八時半頃であった。燈火の海のような銀座通りを横切って、ヴェエルに深く面《おもて》を包んだ女を載せた、一輛《りょう》の寂しい車が芝の方へ駈けて行った。

中年のエリスは、かつての鷗外のように「燈火の海」を渡って去った。いや、鷗外が去らせたのである。

ベルリンのクロステル巷を逃がれ、いま東京千駄木観潮楼二階の書斎で、深夜ただひとり机上の一燈を見つめる鷗外とエリスとのあいだに冷えびえと横たわるもの、無限の広がりを持ってついに越えがたいもの、それこそ明治東京の街区をはかなく照らす「燈火の海」だったのである。

（集英社文庫、一九九一年三月）

崖下の家の平和と不安

――夏目漱石『門』

夏目漱石が明治四十三（一九一〇）年に書いた『門』は、つぎのように始まる。

宗助《そうすけ》は先刻《さっき》から縁側へ座布団を持ち出して、日当りのよさそうな所へ気楽に胡坐《あぐら》をかいてみたが、やがて手に持っている雑誌を放り出すとともに、ごろりと横になった。秋日和《あきびより》と名のつくほどの上天気なので、往来を行く人の下駄の響きが、静かな町だけに、朗らかに聞えて来る。肱枕《ひじまくら》をして軒から上を見上げると、奇麗な空が一面に蒼《あお》く澄んでいる。その空が自分の寝ている縁側の、窮屈な寸法に較《くら》べて見ると非常に広大である。

この日は明治四十二年十月三十一日、日曜日だから役所勤めの主人公はひさびさくつろいでいる。場所はいまの新宿区だが当時は郊外の新興住宅地で、矢来町から寺町、すなわち神楽坂上に至る矢来坂の崖下、その北向きの借家である。

宗助が借りたのはいちばん崖に近い家で、縁側はせまい。日のあたる部分はもっとせまい。女房のお米《よね》がのぞいて見た宗助が、「どういう了見か両膝を曲げて海老のように窮屈に」寝ころんでいたのは、日なたのかたちに合わせたからだ。

「あなたそんな所へ寝ると風邪をひいてよ」と、お米は女学生の言葉遣いで注意する。女学生言葉は明治三十年代に流行し、もはや定着している。宗助とお米は京都で知りあったのだが、彼女の東京言葉は自在だ。宗助はおそらく二十九歳だが年よりずっと老けた印象で、お米はそれより一つ二つ若いか。

路面電車の終着点は江戸川橋、江戸川(神田川)沿いの低地である。そこから音羽とは反対方向の南へ、ゆるやかな渡邊坂を上り、矢来の急坂手前で左折する。表通りの矢来坂もやはり左折して牛込台地上へとつづくのだが、それと平行した崖下の細道である。崖の標高差は五、六メートルだろうか。漱石自身の家は、その矢来坂下を逆側、右に折れて三百メートルほど行き、現在の外苑東通りを横切ってドブ川を渡った早稲田南町にあった。

崖下の道をさらに小路に右折すると、じき崖で行き止まる。茅葺きの農家を取り壊し、そこに安普請の家が何軒か建てられていた。その突き当りの左側、三間と女中部屋の借家に野中宗助と妻のお米、それに老女中の清《きよ》が住んでいる。一帯の地主は、宗助の借家のすぐ崖上に住まう坂井、旧幕臣の家である。

その小春日和の日曜日、宗助はとくに用事もなく駿河台下まで電車に乗ってみた。出退勤以外には普段電車に乗らない「腰弁《こしべん》」(下級公務員、安月給取り)の彼には空いている電車が新鮮だ。車内にこんなに広告が多かったのかと驚き、ていねいに読んでみるが、とくに得るところはない。

東京に路面電車が敷設されはじめてまだ六年だというのに、日々路線は延伸する。もはや電車なしに東京人は日を暮らせない。宗助が住むあたりの郊外人口が急増したのも電車のおかげだ。

帰宅すると弟の小六《ころく》が家にきている。年齢が九歳かそこら離れているのは、間にふたりいた弟が早死にしたからだ。小六には心配事がある。それは学費のことだ。

第一高等学校三年の小六は、翌年春には卒業である。その後は、学科に欲をいわなければ希望の大学に入れる。エリートの関門は大学ではなく高校(旧制)なのだ。といってもこの時期、大学は東京、京都、東北の三帝大だけ、一高生はほとんど東京帝大に進む。

野中家の当主は六年ほど前に亡くなっている。そのとき長男の宗助はお米と広島にいた。抱え車夫までいた家で、父親は贅沢に暮らしていた男だったから相当な財産を残したはずだと思っていたが、蓋を開けてみると負債が思いのほか多かった。屋敷の売却のやり方など見当もつかない宗助は、麴町・番町に住む叔父の佐伯に後処理を頼んだ。少なくとも四、五千円は残るだろうと踏んでいたが、二千円ほどにしかならなかった。

うち千円を自分の手元に置き、千円を小六の学費として佐伯に託した。その金が尽きたと佐伯から通告されたから、小六はあわてたのである。

このままでは自分は大学に行けない。残りわずかな高校の課程さえまっとうできない。道をはずれてしまった兄とおなじ境遇に落ちる、とこれは口には出さないが、とにかく兄をせっつきにきた。

消極的な兄は、佐伯に手紙は出したという。しかし直接掛け合ってはくれない。大学に進んだ時分までの宗助は、「当世らしい才人の面影を漲《みなぎ》らして」資産家の息子として闊達であった。それがいまはまるで別人である。

兄嫁は、暗くはないが過剰に静かな人で、兄夫婦はただ「淋しく睦まじく」暮らしているのと小六の目には映る。実際、宗助とお米は互いのみを必要として、それ以外は何ものも必要とせずに、「山の中にいる心を抱《いだ》いて、都会に住んでいた」のである。

その日の夕食に呼ばれた小六は、「時に伊藤さんもとんだことになりましたね」といった。

伊藤さんとは伊藤博文、六日前にハルビン駅のホーム上で朝鮮人に暗殺された。そのとき新聞の号外が出た。ものに動じない、というより常は無感動な宗助が号外を手にお米の働いている台所までわざわざ出てきて、「おい大変だ、伊藤さんが殺された」といった。しかし、その声はちっとも大変そうではなかった。お米は宗助に手渡された号外に目をやって、「どうして、まあ殺されたんでしょう」といった。

お米は夕食の席で小六にも、「どうして、まあ殺されたんでしょう」とおなじことをいった。宗助は「やっぱり運命だなあ」といった。小六は「とにかく満洲だの、哈爾賓《ハルビン》だのって物騒な所ですね」と応じた。

宗助は実家の資産の整理の仕方に釈然としないものを感じていたが、すでに叔父は死んでいる。いまさら詮索してもと諦めが先に立つうえに、訪問を促した麹町の叔母の口は実によく回る。結局、年内までの学費しか出せないといいくるめられた。小六は十二月のうちに下宿から兄の家に引き移ることに何となく決まった。

小六が移ってくる直前、師走の寒い夜更け、庭にものの落ちる音がした。翌朝見ると蒔絵《まきえ》の手文庫である。崖上の坂井の家に泥棒が入り、逃げる途中に落としたものと見えた。

漱石の家は泥棒によく入られた。鏡子夫人と結婚して以来合計六度も被害にあった。最後は明治四十一年十二月十日の夜中に早稲田南町の家に入られ、帯ばかり十本盗まれた。このときの体験を、漱石は『門』で崖の上下のふたりが知りあう契機として生かした。

手文庫を届けに行き、宗助は地主の坂井と知りあった。東大出の四十歳くらいの福相の男で、子どもが多くて家はいつもにぎやかである。宗助は「自分がもし順当に発展して来たら、こんな人物になりはしなかったろうか」と考えた。それは後悔ではない。嫉妬でもなく、ただの穏当な観測であった。

漱石が大学時代の友で満鉄総裁となった中村是公《ぜこう》に誘われ、満洲と韓国の旅行に出掛けたのは明治四十二年九月二日である。

前作『それから』執筆中から胃の痛みがひどく、旅行そのものが危ぶまれたが、結局是公の船より一便遅れで出発した。大連に上陸、旅順を見物したのち、営口、奉天、長春と北上してハルビン停車場に着いたのは九月二十二日だった。ひと月前に自分が踏んだそのホームで、伊藤博文は暗殺されたのである。漱石が抱いた運命の不思議さへの感慨は、宗助の言葉の中に反映されている。

伊藤博文は四カ月前に韓国統監を辞め、すでに枢密院にあがっていた。それは七十歳近い伊藤の事実上の引退を意味し、伊藤の死に政治的意味はすでに希薄だ。あるとしたら、韓国併合に消極的だった伊藤が死んで併合が早まったことくらいだろう。外交権と軍事指揮権をほとんど恫喝で韓国から奪った第二次日韓協約の恨みならわからないではないが、それだと単なる意趣返しで政治的暗殺ではない。「どうして、まあ殺されたんでしょう」というお米の感想はそこからきている。

『門』には、満洲で再会した学生時代の友人、橋本左五郎《さごろう》から造形した人物が登場する。橋本は東北帝国大学教授、満鉄の依頼で内モンゴルの畜産事情を調査していたのだが、ハルビンまで漱石に同行した。この人は、「大いに発展してみたい」ととなえて満洲に出掛けたという『門』の坂井の弟に投影される。

その坂井の弟が、安井という「大陸浪人」仲間の男を連れて坂井宅に来るというので、宗助は強烈な不安にかられることになる。宗助と安井には深い因縁があった。

漱石が朝鮮経由で帰国、東京に帰ったのは明治四十二年十月十七日である。それから間なしの十月二十一日から、旅行記「満韓ところどころ」が朝日新聞紙上に掲載され、断続的にだが十二月三十日までつづく。そうこうするうち、新聞連載小説の締切が迫る。しかし胃は痛む。旅行疲れは抜けず、考えはまとまらない。明治四十三年二月に入ると予告の関係から題名だけでも、と朝日に催促された。

明治四十三年二月二十一日、前年秋に東京朝日に「文芸欄」を新設するとき、漱石がその嘱託責任者とした森田草平に、何でもいいから題名をつけてくれと頼んだ。漱石は森田を正社員にしてやりたかったのだが、明治四十一年三月のらいてう平塚明子《はるこ》との心中未遂事件の記憶はまだあたらしく、朝日首脳の心証がよくなかった。

草平は、『三四郎』のモデルとなった小宮豊隆の本郷森川町の下宿を訪ねた。知恵を借りるつもりだった。豊隆は本棚からニーチェの『ツアラツストラ』を抜いてぱらぱらとめくり、「門」という言葉を探し出して、これならどんな内容になっても大丈夫だろう、といった。草平が朝日に知らせ、翌二月二十二日、東京朝日新聞紙上に予告が出た。「漱石の新連載小説『門』は『冷笑』完結次第掲載す」とあった。『冷笑』は永井荷風の作品である。

漱石が『門』に着手したのは、この少しあとである。筆をとるとますます胃は痛み、一日に一回分三枚半しか書けなかった。二月二十八日、七十八回で『冷笑』は終り、三月一日から『門』が始まったが、原稿の余裕はほとんどない。その翌日、五女ひな子が生まれた。漱石の七番目の子である。ひな子の命名も漱石は草平に頼んだ。

三月下旬、武者小路実篤という青年が、自分たちが創刊した雑誌「白樺」と手紙を送ってきた。実篤は、『それから』の主人公が「自然に従って」友の妻を略奪するのはよいことだ、と書いた。「自然に従う」とはその頃日本の知識青年たちを刺激したルソーの『新エロイーズ』にある言葉で、人事や社会的規範からの解放を意味していた。そして実篤は、それこそが文学の使命だと考えていた。

四月二十九日、漱石は長塚節に書簡を呈した。朝日文芸欄の森田草平から突然小説執筆の依頼が行ったことを節に詫び、自分の作品『門』は六月上旬で終る、と書いた。漱石が『門』を脱稿したのは六月五日、幸徳秋水逮捕が初めて新聞に報じられた日で、朝日の掲載が連載第百四回で終ったのは六月十二日であった。そのあと長塚節『土』が始まる。

野中宗助はかつて一高から東大へ進んだ。しかし「ある事情のために」転学したのだが、その事情はつまびらかにしない。京都では、東京時代とは打ってかわって静かに過ごした。

京都帝国大学では安井という男と友になった。安井は福井の出身だが横浜生活が長かったという。あるとき安井がお米を紹介して「妹《いもと》だ」といった。いっしょに借家にいるのだといった。翌年の秋に大学二年に進んだ宗助が安井の下宿を訪ねると、安井は留守で「お米ばかり淋しい秋の中に取り残されたように一人坐っていた」。

お米が、買い物に出たついでだといって宗助の下宿に寄るようになったのはそれ以後のことだ。胸を患った安井は医者の勧めで、おそらく須磨の海岸にお米を伴って転地した。宗助は安井に誘われ、泊まりがけで見舞った。三人で遊び、いっしょに京都へ帰った。そのあと、宗助とお米は抜き差しならぬ仲になった。

事は冬の下から春が頭を擡《もた》げる時分に始まって、散り尽した桜の花が若葉に色をかえる頃に終った。すべてが生死《しょうし》の戦いであった。青竹を炙《あぶ》って油を絞るほどの苦しみであった。大風《おおかぜ》は突然不用意の二人を吹き倒したのである。

宗助は二年の課程が終る少し前、大学を去った。去らなければならなかった。宗助が二十三歳、明治三十六年初夏のことだと読める。そうして宗助とお米は広島へ行き、半年後に宗助の父が死んだ。

広島に一年、福岡に二年いた。何をして暮らしていたのかわからないが、この道程は昔漱石が占い師にいわれた「あなたは西へ西へと行く運命にある」という言葉と重なる。現実に漱石は、二十八歳で松山の愛媛県尋常中学校に赴任し、それから熊本の五高へ行き、さらにはるか西のロンドンへ留学した。

福岡にいたとき、高級官僚となったかつての同級生が福岡にくると新聞に出た。宗助は会いたくはなかったが、先方がわざわざ居所を捜して面会を所望した。結局、その男の影響力で東京の役所に判任官として勤めることになった。上京して住んだのが矢来下の「崖下の家」で、それは明治四十年頃のことである。

(宗助とお米は)いっしょになってから今日《こんにち》まで六年ほどの長い月日を、まだ半日も気まずく暮したことはなかった。言逆《いさかい》に顔を赤らめ合ったためしはなおなかった。二人は呉服屋の反物《たんもの》を買って着た。米屋から米を取って食った。けれどもその他《た》には一般の社会に待つところの極めて少ない人間であった。

だが、子どものできない「淋《さむ》しさ」は格別である。

お米は最初の子を広島でみごもり、五カ月で流産した。福岡で早産した子は一週間の命しか保たなかった。

東京へ出て最初の年にまた妊娠した。五カ月目のとき、お米は井戸端の青い苔の生えている濡れた板で滑って尻餅をついた。無事出産まで漕ぎつけたが、臍帯《さいたい》が赤ん坊の首に絡んでいた。それが一重ではなく二重だったのは、自分の不用意のせいだとお米は悔いた。

ある日彼女は、宗助に黙って易者に見てもらった。易者は「あなたには子供は出来ません」といった。そしてこうつづけた。「あなたは人に対して済まないことをした覚えがある。その罪が祟っているから、子供は決して育たない」

宗助と家主の坂井は短期間で親しさを増した。

ときどき坂井の家の女中が、お出ましになりませんか、と迎えにくる。年が明けて明治四十三年正月の三日にも誘われたが、その夜は「若旦那」小六が出向いた。七日にまた迎えがきた。今度は宗助が行った。

小六を書生によこしてはどうか、という話が坂井から出たのはその席である。それから坂井は、たまたま自分の弟が帰ってきていて、今度「大陸浪人」仲間の安井という男を連れてくる、なんなら野中さん、会ってみますか、といった。宗助は生きた心地がしなかった。それがあの安井なら、宗助はもうこの土地にはいられない。

宗助は役所の同僚に紹介状をもらって東京を脱し、鎌倉の寺の山門をくぐった。十日間座禅を組んでみたが、悟りに近づくどころか、ますます不安は募るばかりだ。宗助は寺を去った。

彼は門を通る人ではなかった。また門を通らないで済む人でもなかった。要するに、彼は門の下に立ち竦《すく》んで、日の暮れるのを待つべき不幸な人であった。

ここに題名はみごとにはまった。

落着かぬ気持に覚悟を決め、宗助が坂井の家を訪ねたのは一月末であった。ご舎弟は、その後？　と尋ねると、四、五日前に蒙古へ帰ったといわれた。もう一人のお伴侶《つれ》は？　と聞くと、坂井はこう答えた。

「安井ですか。あれも無論いっしょです。ああなると落ちついちゃいられないと見えますね。なんでも元は京都大学にいたこともあるんだとかいう話ですが。どうして、ああ変化したものですかね」

宗助は、自分が京都大学にいたとは坂井に話していなかったので、冷や汗をかきつつ安堵した。これで当面は助かった。家の裏の崖は滅多に崩れることはない。しかし竹の根が張って地面を縛っているから大丈夫とはほんとうか。不安があっても運に任せるほかはない。

二月はかねがね噂された官員整理の沙汰がある月だったが、宗助は助かった。三月になると逆に五円の増俸があった。これで月給四十五円か五十円になったのだろう。何とか東京で中の下の暮らしが営める額である。

小六は坂井の書生になった。これで食住の手当てはついた。あとは学費と小遣いを宗助と佐伯が応分に負担すればよいのだが、消極的な兄に業を煮やした小六自身が佐伯と掛けあって話はつけた。

「小康はかくして事を好まない夫婦の上に落ちた」

日曜日の午後に銭湯へ行くと、浴客が初音《はつね》を張る鶯を話題にしていた。「まだ鳴きはじめだから下手だね」「ええ、まだ充分に舌が廻りません」

宗助は家《うち》へ帰ってお米にこの鶯の問答を繰返して聞かせた。お米は障子の硝子《ガラス》に映る麗《うらら》かな日影をすかして見て、

「本当にありがたいわね。ようやくのこと春になって」といって、晴ればれしい眉を張った。宗助は縁に出て長く延びた爪を剪《き》りながら、

「うん、しかしまたじき冬になるよ」と答えて、下を向いたまま、鋏を動かしていた。

『門』を脱稿した翌日の六月六日、漱石は内幸町の長与《ながよ》胃腸病院で診察を受けた。ひどい胃潰瘍だといわれ、六月十八日に入院した。対症療法は温めたコンニャクを腹に載せる温湿布だが、食餌を制限されて空腹だった漱石は、それをちぎっては口に入れた。退院は七月三十一日である。

漱石は八月六日、修善寺に転地した。八月の豪雨のさ中に大量吐血、一時仮死状態となったのは八月二十四日であった。何とか生の岸にたどりつき、釣台に横たわったまま帰京したのは十月十一日、長与胃腸病院を退院したのは翌明治四十四年二月二十六日、長い病臥生活であった。このとき漱石は四十四歳になっていた。

『三四郎』の後日譚は『それから』である。『それから』の「それから」が『門』である。主人公はそれぞれに違っても、「自然に従って」翻弄される者たちの物語の円環は閉じられた。

「自然に従う」ことは悪ではない。必ずしも不道徳でもない。しかし罪の感覚、相手に「済まないことをした」という思いは、ついに去らない。それは、ひっそりとした平穏な暮らしの背後に、いつ崩れるかわからぬ崖のように影を落としつづける。過剰に楽天的な人でない限り誰もが抱える不安を、静かに、そしてスリリングにえがいた成熟期漱石の普遍的傑作として『門』は、いま私たちの前にある。

（集英社文庫、二〇一三年十二月）

明るくて軽快な国木田独歩——日清・日露戦間期の作家

——「明治の文学」第22巻『国木田独歩』

独歩国木田哲夫は明るい男であった。明治二十年代の青年らしく野心的な男でもあった。独歩は教師、宣教師、新聞記者、開拓者、実業家、政治家、文学者となることを望み、必ずしも成功はしなかったが、その多くを実践した。

独歩には当時の文芸家としては例外的に実務能力が備わっていたし、また実業界を敵対視することがなかった。成功への気概と、自我の拡大に迷うことなく独歩は前進した。少なくとも独歩は文芸一途の男ではなかった。

独歩は明治三十三（一九〇〇）年暮れ、「民声新報」に入社した。「民声新報」は星亨《ほしとおる》の機関紙で、非学歴エリートから実力者へとなりあがった星亨は、その強引な政治手法のため「オシトオル」と異名された強烈な個性であった。独歩は、なにかと疑獄事件との関連をささやかれがちな強腕のこの政治家と組んで政界への出馬を企てたとされる。明治四年生まれの独歩はこのとき三十歳であった。しかし明治三十四年六月二十一日、星亨は暗殺され、同時に独歩の政界への野心も潰えた。

明治三十六年、独歩は自ら編集長に就任、雑誌「東洋画報」を創刊した。半年後の九月には軒を借りていた出版元と絶縁して「近事画報」と改題、その責任者となった。明治三十七年二月、日露戦争がはじまると、臨時増刊として「戦時画報」を発刊し、その好評に気をよくして旬刊化した。明治三十八年にも好調は持続し、時宜を得たと判断した独歩は文芸雑誌「新古文林」、婦人雑誌「婦人画報」をあいついで創刊した。

しかし同年八月の日露講和以後売上げは急速に落ち込んで翌三十九年六月近事画報社は解散、自ら独歩社を興して社長となり「近事画報」を続刊した。この間彼は、明治三十四年の第一小説集『武蔵野』以来四年ぶりの第二小説集『独歩集』を明治三十八年に、第三小説集『運命』を三十九年に刊行して、ようやく世に名を知られるところとなった。独歩の短い生涯中、もっとも多忙で活発な時期であった。

だが、独歩社は近事画報社の負債をも引継いだため、たちまち経営難に陥り、独歩の奮闘もむなしく明治四十年四月破産した。この間の激務から独歩は肺結核を発症し、破産後一年余で死を迎えることになるのである。

明治三十六年、独歩三十二歳以降の創作はもはや多くはない。作家としての短いピークをすぎたのである。三十六年一月発表の『日の出』は前年暮れの執筆で、三月発表の『運命論者』も「東洋画報」創刊前に書きあげている。

三十六年のおもな作品としては他に、『馬上の友』『第三者』『女難』があるが、三十七年には見るべきものは『春の鳥』程度となり、三十八年には多忙のためか新作は一編も書かれない。独歩社を興した三十九年にはいくらか創作意欲を回復して『田舎教師』『帽子』『号外』を書いたが、翌四十年一月、印刷所の火災で、第四小説集となるはずであった小説九編の手を入れた原稿を焼失し、傷心のままやがて独歩社の破産を迎えなければならなかった。

以後も陽性な性格の独歩は打撃に耐えて小説創作の筆をとったが、体力の衰えは作品にも反映し、また世に日露戦争後の不況風が吹きまくっていたせいか、彼の視線は世上の暗部に向きがちとなった。明治四十年『窮死』、その年の年末に書いて明治四十一年、すなわちその死の年の年頭に発表した『竹の木戸』『二老人』などがそれである。が、病状の昂進はもはやそれ以上の仕事を独歩にさせなかった。

独歩は明治三十九年、第三小説集『運命』を上梓して、本来の独歩にはそぐわないその暗い筆致から「自然主義の大家」と目されて文名をあげた。しかし、それは独歩自身が安んじる呼称ではなかった。

夏目漱石は、『運命』のなかの『運命論者』は面白いと思って読んだ。しかし「其面白いと云う感じは愉快と云う感ではない」(「独歩氏の作に低徊趣味あり」)と書いた。漱石はむしろ『巡査』の方を買うといった。

『巡査』は明治三十四年末、生活に窮した独歩が西園寺公望邸の食客となったとき、そこで知り合った護衛巡査の風貌と人となりを描いた小品であった。

漱石は書いた。

「只、巡査なる人は斯《こ》う云う人であった」「と云うことを書いたに過ぎぬ。其所が面白いのである」「余の言葉で云うと斯《こ》う云うものは低徊趣味と云う。巡査がどうして、それから斯うしたと云うように、原因結果を書いたものではない、其巡査が明日はどうなっても、明白のことは関《かま》わない。只、巡査其物に低徊して居れば好いのである。小さんが酔漢の話しをする。聴者は其酔漢の話を只楽しんで居れば好いのである」

没する直前の独歩は「病牀録」を真山青果の筆で新聞連載され、死ぬと「文豪」と形容された。しかし、軽妙な筆致を持った短編作家である独歩に「文豪」はふさわしくない。むしろ漱石の控え目な賞讃の方が独歩の本領をとらえていた。

比較的飽きっぽく、また一所不住の生涯をつらぬいた独歩の、小説家としての活動期は意外に短かった。明治三十年からの六年ほどにすぎない。独歩は、「近代文学」の成立から「読者大衆」の成立までの過渡期の作家であった。

独歩は明治二十七年八月、十カ月間の大分県佐伯における教師生活を切り上げて上京すると、徳富蘇峰が主宰する国民新聞社に入った。といっても当時の国民新聞社は梁山泊のようなもので社員か食客かわからぬような立場であった。しかし積極的な性格の独歩は自分を大いに売り込んで日清戦争従軍記者となり、明治二十八年二月には威海衛攻撃を取材した。この間、国民新聞に従軍記を「愛弟通信」と題して連載し、好評を博した。

明治二十八年九月、二十四歳の独歩は、その年の六月に知り合った、病院長とキリスト教女性活動家の娘で七歳下の佐々城信子とともに開拓生活を営むことを発想して、土地の選定のため北海道の奥地に向かった。その空知川近くの営林署員たちが独歩の名を知っていて彼を感激させたが、それは「愛弟通信」の記者としてであった。独歩の小説創作は、ようやく明治三十年五月にはじまるのである。

明治二十九年十月末のよく晴れた日、田山花袋は東京郊外の渋谷村にある詩人の宮崎湖處子《こしょし》の家へ行ったが留守だった。このまま帰るのは残念だと、花袋は同行した太田玉茗《ぎょくめい》と、近くに閑居していると聞いた独歩を訪ねることにした。独歩とは面識がなかったが、湖処子から話は聞いていた。

新体詩をふたりで口誦しながら青草と木立ちにおおわれた坂を登っていくと、そのいただき近くに別荘風の小さな家が見えた。家の前には葡萄棚があり、その下に独歩が立っていた。独歩は初対面の花袋と玉茗を快活に迎えた。近くに小さな牧場があるらしく牛の鳴く声が聞こえた。

独歩はそのふた月ほど前から、この武蔵野のほとりの丘の上に建つ二室だけの家に、弟の収二とともに住んでいた。それは、現在ではもっとも繁華な街のひとつとなった渋谷・公園通りを登りきったNHK放送センター脇、渋谷公会堂のあるあたりである。このとき独歩は二十五歳だった。

ここで独歩の年齢について注記しておく。

独歩は一般に明治四年生まれとされる。その父は国木田専八といい、旧播州龍野藩士であった。慶応四(明治元、一八六八)年、龍野藩は戊辰戦争における東北諸藩の抵抗を鎮圧するため、藩船に筑後藩兵を乗せて小名浜へ輸送、専八はその任についた。しかし目的を果たした帰途、船は銚子沖で難船し、救われた国木田専八は銚子で静養した。そのとき当地の網元の娘を知り、翌明治二年旧暦八月男児をもうけたのである。

専八には龍野に妻子があったが、明治九年、龍野の妻子とは離別して銚子の娘淡路まんを妻として入籍、このときその子亀吉(独歩の幼名)を養子とした。さらに専八は明治十七年、亀吉を庶子に改め、ついで嗣子に転じた。

このような複雑な手続きをとったため、亀吉は専八の実子ではなく、まんの連れ子とする説が出たが、これらの戸籍操作はすでに家庭を持っていた専八が、武家的道徳に従うための苦肉の策である可能性が高いのである。

明治四年に戸籍編成法が制定され、翌明治五年壬申戸籍がはじめて実施されたのであるから、専八は亀吉(独歩)の出生をそれに合わせ、龍野の家の清算と時間の経過ののちに新家庭を順次整えたと思われる。となると独歩の年齢は普通考えられているより二歳上で、渋谷在住時には二十七歳、没年は三十九歳(満三十八歳)ということになるが、ここでは年譜に従って記述する。

専八は維新後間もなく下級官吏となった。裁判所書記として、東京を振り出しに山口、萩、広島、岩国、再び山口、再び萩と、おもに山口県内を転々とした。明治十九年、官員整理のため大量の同僚とともに一時非職となったが明治二十一年復職、明治二十六年、六十三歳で退職するまでさらに転勤を重ねつつ勤めた。独歩も両親とともに各地を転々として長じたのだが、そのことは独歩の性格形成に大きく関わった。

独歩は引っ越し好きであった。渋谷在住以後、晩年に茅ヶ崎南湖院の死の床につくまで、独歩はほぼ十年で十四回の転居、転地を重ねたが、その移動ぶりは作家となる以前もはなはだしかった。すなわち独歩は「故郷を持たない人」であり、そのようなセンスは土着に拘泥しない目で風景を眺める態度を生み、のちに彼の文芸中に開花した。

二十歳で、早稲田の東京専門学校をストライキに関係して退いた独歩は、山口県田布施に英学塾を開いたが、四カ月余りで塾を閉じて再上京した。

二十二歳で矢野龍渓の紹介で大分県佐伯へ行き、鶴谷学館の教師となった。おもに善意と熱意に基づいたやや押しつけがましい理想主義をうるさがられ、一部の生徒の排斥に遭って辞したのは十カ月後であった。この間、山口県柳井で印刷所の経営を企画して失敗し、三たび上京して国民新聞社に入った。日清戦争従軍はこの折りのことであった。

明治二十八年、佐々城信子と北海道での生活を夢想して実現せずに終ったあと、信子と結婚、逗子に住んだ。しかし翌年春、信子が独歩との理想主義的な窮乏生活に耐えかねて逃げ出したあと、アメリカ行を考慮して果たさず、やがて渋谷の山上に閑居したのである。

独歩の性格を刻んだもうひとつの要素は母方の血筋だろう。その漁師の血が独歩の開放的明朗さと気の短さを併せ生んだかと思われる。あるいは女性への惚れっぽさもそうかも知れない。

独歩には明治前半期的キリスト教の影響からか、恋愛至上主義の傾向があった。佐々城信子への恋着もそこから発したのであるが、佐々城信子との破綻後には、「生命に倦みたる欠伸《あくび》は男子の特色、恋愛に倦みたる欠伸は女子《にょし》の天性、一は最も悲しむべく、一は尤も憎むべきものである」(『牛肉と馬鈴薯』)という感想を抱いた。しかし、だからといって過剰に悲嘆せず、まして煩悶のあまり絶望の淵に沈みこまないのが国木田独歩の、あるいは明治中期知識青年のありようであった。

独歩は信子と別れ、さらにこの渋谷生活を切りあげたのちに住んだ麴町の家の娘と結婚した。それが独歩の最期を見取った治子夫人であった。

治子夫人は合計で五人の子供をあげた。うちひとりは乳児のうちに死んだが、五人目は独歩の死後に生まれた。独歩と別れたあとも波乱に富んだ人生を送り、有島武郎が『或る女』のモデルとした佐々城信子も、実は女の子をひとり生んでいた。それは独歩の子であった。そのうえ麴町の治子夫人の実家の隣家の女性とも独歩は治子とほとんど同時に交際し、そこでもひとり子供をつくった。それらの所業は文士の野放図さのゆえというより、独歩の性格から発したものであった。

引っ込み思案で内省的な性格の田山花袋はたちまち独歩の明るさに魅かれた。彼は初対面の花袋らに、カレー粉をまぶしたご飯と近所の牧場でとれたばかりの牛乳をふるまい、以来花袋はしばしば独歩宅を訪ねるようになった。

明治二十九年の初冬、独歩は留守だったが花袋が上がりこむと、机上の二葉亭四迷が翻訳したツルゲーネフの『片恋』が目についた。それは四年ほど前に刊行したものに二葉亭自身が手を入れ直して、その年の十一月十三日の奥付で再刊したものであった。花袋は主人の帰りを待つつれづれに二、三ページめくるうち、知らず知らず引き込まれてついに読了してしまった。

そこにはこんな文章があった。

秋九月中旬というころ、一日自分がさる樺の林の中に座していたことが有った。

(……)四辺《あたり》一面俄《にわ》かに薄暗くなりだして、瞬《また》く間に物のあいろも見えなくなり、樺の木立ちも、降り積った儘《まま》でまだ日の眼に逢わぬ雪のように、白くおぼろに霞む——と小雨が忍びやかに、怪し気に、私語するようにパラパラと降って通った。

(……)鳩が幾羽ともなく群をなして勢い込んで穀倉の方から飛んで来た、がフト柱を建てたように舞い昇って、さてパッと一斉に野面《のづら》に散った――アア秋だ！誰だか禿山の向うを通ると見えて、から車の音が虚空に響きわたった。

完全主義者の二葉亭が若書きを恥じて改稿したそれは滑らかさを増していたが、反面、彼が新しい日本文を苦心して開拓した頃の荒削りだが新鮮な衝撃力は薄れていた。しかしロシア文をほとんど血肉となした二葉亭が、やむを得ず近代を迎えた日本人の心理と、その心に映じた風景を叙述するためにつくりあげた日本語の魅力はこの新版『片恋』にも強く残り、独歩はもちろん、花袋の精神をも大いに刺激した。

独歩は風景を眺め、そこに自分の心情を投影するたのしみ、すなわち「散歩」のたのしみを佐伯在住時代に知った。そうして、故郷を持たず、従って土着的センスに束縛されない独歩は、やがて二葉亭の翻訳文と邂逅して、その強い影響下に彼自身の言葉で、人里と自然の境界が入り組み、あるいは人里と自然が融和的に共存する武蔵野の風景を描写したのである。

右側の林の頂は夕照鮮《あざや》かにかがやいて居る。おりおり落葉の音が聞える計《ばか》り、四辺《あたり》はしんとして如何《いか》にも淋しい。前にも後にも人影見えず、誰にも遇《あ》わず

(……)林は奥まで見すかされ、梢《こずえ》の先は針の如く細く蒼空《あおぞら》を指している。猶更《なおさ》ら人に遇わない。愈々《いよいよ》淋しい。落葉を踏む自分の足音ばかり高く、時に一羽の山鳩あわただしく飛び去る羽音に驚かされる計り。(『武蔵野』)

明治二十八年八月十一日、独歩は信子を伴って武蔵小金井の北方、玉川上水の桜橋あたりを散策した。独歩の北海道行直前で、ふたりの恋愛はその最高潮にあった。飯田町の停車場から甲武鉄道に乗り、境駅で降りた。そこからは歩いて桜橋を渡り、橋のたもとの茶屋で休息した。茶屋の婆さんは桜の季節でもないのにわざわざ田舎道を歩くふたりを怪しんだ。

其処《そこ》で自分は夏の郊外の散歩がどんなに面白いかを婆さんの耳にも解るように話して見たが無駄であった。東京の人は呑気だという一語で消されて仕了《しま》った。自分等《ら》は汗をふきふき、婆さんが剝《む》いて呉《く》れる甜瓜《まくわうり》を喰い、茶屋の横を流れる幅一尺計《ばか》りの小さな溝で顔を洗いなどして、其処《そこ》を立出《たちい》でた。

ああ其日《そのひ》の散歩がどんなに楽しかったろう。成程小金井は桜の名所、それで夏の盛に其《その》堤をのこのこ歩くも余所目《よそめ》には愚かに見えるだろう、しかし其《そ》れは未《ま》だ今の武蔵野の夏の日の光を知らぬ人の話である。（『武蔵野』）

独歩は、このとき武蔵野をいっしょに歩いたのは男性の「朋友」であったとしている。「今は判官になって地方に行って居る」。

明治三十年十月頃、独歩は翌年結婚することになる治子を連れて桜橋へ行った。しかし彼は信子のことは治子には話さず、ただ黙々と武蔵野の林を歩いた。

『牛肉と馬鈴薯』にも信子との一件は顔をのぞかせる。しかし、ここでも粉飾はなされる。

国木田独歩の分身とおぼしい語り手のひとり岡本誠夫は語る。「二人は将来の生活地を北海道と決めて居《お》りまして、相談も漸《ようや》く熟したので」岡本は故郷へ帰り、山林田畑を売り払う手続きを進めていると、娘の母親から電報がきた。驚いて上京してみると、「少女《むすめ》はもう死んで居ました」。

信子との恋愛の傷は相当に深刻であったようだが、それでもその後の人生に濃い翳りを残さなかったのは、独歩ならではであった。

明治三十年四月、独歩は花袋といっしょに日光へ行き、かつて外国人の避暑客用につくられた大谷川沿いの別荘仕立ての僧坊に住んだ。真面目な花袋は毎日小説を書こうと苦吟したが、独歩は信子といっしょだった頃買ったという竹の根のステッキを手に、毎日日光の町を歩きまわり、美しい娘がいると聞くと必ず見に行った。

ふたりはいろは坂を登り、日光湯元までも出掛けた。宿屋の泊り客の若い女性が共同浴場に入っていると知ると、独歩はわざわざ自分も入浴し直した。部屋に帰って、若い娘と風呂で話したと自慢するので純情な花袋は憤慨した。しかし帰途、戦場ヶ原の草原で手を握り合い大仰な和解をした。

酒も飲めない彼らはまことにつつましい生活を送った。日光の僧坊四十日余の滞在のうち、飯のおかずは一丁一銭五厘の豆腐でほとんどすごし、合計六十丁あまりを食べた。この日光滞在中、独歩は佐伯時代の思い出をもとに『源叔父』を書いて一枚二十五銭宛の稿料を得た。独歩の短い作家生活はこのときはじまった。

明治四十年、夏目漱石は東京朝日新聞に入社し、ついに専業作家となった。まず『虞美人草』を書いた漱石は、以後『三四郎』『それから』『門』と、やむを得ざる近代を生きる都会人、ことに知識人の人間関係の不安を描き出した。それは明らかに日露戦争後の文学であった。国民国家は完成し、日露戦争の辛勝によって国家目標を失い、戦後不況に悩みながら社会の主役が大衆へと移る時代の文学、独歩が『号外』で描いた時代以降の文学であった。日本の文学シーンにおける二十世紀は、漱石の朝日入社とともにはじまったのである。

軍医としての最高位、軍医総監の地位についており、漱石の活動に「技癢《ぎよう》」を感じた森鷗外は、明治四十二年から活発な創作意欲を見せはじめた。当初は『半日』『普請中』『妄想』『かのように』など、非常に鋭角的ではあるが、小ぶりな作品を発表していた鷗外は、大正元年からは雄大でいてなお緻密な歴史小説の世界に沈潜した。そこには明治三十八年の日比谷暴動、大正二年の護憲運動騒擾以来、国家と国民の意識が乖離し、緊張感を著しく失いつつ怒濤のごとく大衆化へ向かう日本社会への失望と諦念とがひそんでいた。鷗外もまた明治四十年代以降の作家、二十世紀の作家であった。

明治四十一年六月十五日、川上眉山が自殺した。生活難ゆえの自死と東京朝日新聞は報道し、すでに旧知の高田畊安が院長をつとめるサナトリウム茅ヶ崎南湖院にあった独歩は強い衝撃を受けた。そこに独歩は以前父専八の看護婦であった奥井君子をも呼んで、ときどきひどいかんしゃくを起こしながら、治子とともに妻妾同居のような療養生活を送っていた。

明治四十一年六月二十三日の夜、独歩は死んだ。石川啄木は翌二十四日の日記につぎのように書いた。

独歩氏と聞いてすぐ思い出すのは〝独歩集〟である。ああ、この薄倖なる真の詩人は、十年の間人に認められなかった。認められて僅かに三年、そして死んだ。明治の創作家中の真の作家——あらゆる意味に於て真の作家であった独歩氏は遂に死んだのか！

その夜啄木は眠れなかった。独歩の死の知らせの刺激のみならず、月末が近づいたのに下宿代を払うあてがなかったからである。六月二十三日の夜半からつづいた作歌衝動は、無意識のうちのその補償行為であった。

翌六月二十五日も「頭がすっかり歌になっている。何を見ても何を聞いても皆歌だ」という状態で、六月二十六日午前二時までの二日間で、啄木は合計二百六十首余りの歌をつくり、それは『悲しき玩具』の草稿となった。

六月二十七日、まだ金はできない。その日啄木は書いた。

死んだ独歩氏は幸福である。自ら殺した眉山氏も、死せんとして死しえざる者よりは幸福である。
作物と飢餓、その二つの一つ！
誰か知らぬまに殺してくれぬであろうか！　寝てる間に！

この後、認められぬままの「僅かに三年」を、天才気取りを捨てた二十世紀的生活詩人として啄木は、著しい成長を見せつつ生きたが、さらに一年後、生に強く思いを残して死んだ。

国木田独歩は野心的、享楽的、そして感傷的な青年であった。しかるに軽快、明朗であり、気取り屋の側面があるわりには実務家でもあった。キリスト教に影響された禁欲的開拓生活への憧れとロマンチシズムを併せ持っていたが、同時に男性性を誇示する傾向をも有していた。要するに典型的な明治二十年代的青年であった。

その明治二十年代的青年が、文学シーンにおいては、明治二十年代を新しい日本語叙述をもって切り拓いた二葉亭と、明治四十年代型の作家、漱石や鷗外、また啄木らとを橋渡しする役割を果たした。国木田独歩はまぎれもなく明治三十年代的作家であった。

独歩の死後、新しい世の中が現われた。それは大衆化する社会であり、金《かね》が流動する世の中であった。すなわち現代の発端であった。文学もそれにあわせて変貌した。「白樺」に拠る青年たちが活動を開始したのは独歩の死の二年後、もはや独歩のようなタイプが文学を志すことのない時代になりかわったのである。

（筑摩書房、二〇〇一年一月）

彼はむかしの彼ならず——「天才」石川一から「生活者」啄木へ

——ちくま日本文学全集30『石川啄木』

啄木石川一《はじめ》は明治三十九年十一月二十二日の夜から『林中書』を書きはじめた。彼はこのとき満二十歳で、岩手県渋民《しぶたみ》尋常高等小学校尋常科代用教員をつとめていた。

明治三十三年、小学校令が改訂され四年制義務教育がなった。授業料は廃止され、明治二十八年には六一・三パーセントだった就学率は三十五年には九〇パーセントを越えた。啄木就職の翌年、明治四十年には六年制義務教育も実現して就学率は九七・四パーセントに達し、現在あるような日本の高度大衆化社会への方向がはじめて示されたのだった。その結果、とくに初等教育担当教員の絶対数が不足して、中学四年中退の啄木でも安月給ながら就職できたのである。

代用教員となる二年あまり前の明治三十七年暮れ、啄木の父一禎《いってい》は宗費滞納のかどで曹洞宗宗務院より住職罷免処分を受けていた。啄木が父罷免、および生家宝徳寺からの一家退去の知らせに接したのは、明治三十八年春、生涯二回めの上京中だった。

不自由ない寺の「坊っちゃん」としての彼の生活はこのとき終わった。困惑懊悩のただなかにあった五月三日、上田敏の序文と与謝野鉄幹の跋文《ばつぶん》を得て啄木は処女詩集『あこがれ』を小田島書房から出版した。五月二十日、堀合節子との結婚のために離京し盛岡に向かったが仙台で途中下車、その地の旅館に一週間以上も滞在して、ついに自分の結婚式に欠席した。この間土井晩翠夫人から口実を使って金を借り、五月二十八日は日本海海戦勝利の号外を仙台で読んだ。仙台で借りた金のことを啄木は他の多数の借銭とともに死ぬまで気にしつづけてはいたが、他の借銭とおなじく最後まで返すことはできなかった。

啄木はその後新妻の節子、父母、妹とともに半年あまり盛岡に住んだ。しかし生活の逼迫はなはだしく、翌明治三十九年正月には父一禎は「口減らし」のために単身野辺地の旧知の寺に寄寓した。三月、啄木は妹を盛岡女学校教師に託して妻、老母とともに渋民村へ帰り、尋常科代用教員となった。

明治三十九年六月、啄木は学校の「田植休み」十五日間を利用して三度めの上京を果たし、東京の空気を吸った。与謝野夫妻宅である千駄ヶ谷の新詩社に滞在、このとき夏目漱石の『坊っちゃん』や島崎藤村の『破戒』を読み、はげしい創作衝動に駆られた。帰郷後すぐに『雲は天才である』を書き、『面影』を書いた。十一月には『雲は天才である』を書き直し、十一月十九日から二十日にかけては『葬列』の前半を書いた。いずれも小説である。そして十一月二十二日夜、『林中書』の稿を起こした。

躁鬱気質の啄木、あけすけにいえばわがままで移り気な啄木には、生来の勉強家なのに、意識の集中が永つづきせず、なにごともやり散らしてまとまりのつかない傾向があった。しかし、外界から強い刺激を受けたときには功名心をかきたてられて筆を握りたくなり、またのちには現実から逃避すべき理由のあるときに限って強烈な表現欲にとらわれ、その波はしばらくつづいた。

この明治三十九年後半の半年あまりは、啄木の創作生活に訪れた第一回めの波だった。二回めは、明治四十一年にはじまり、その後三年間つづいて、現在に残る啄木全集全八巻の大半の仕事をなした。このときの執筆動機は生活の貧窮ぶりのただならなさと、明治四十二年六月に上京してきてともに住んだ妻と母の間の確執だった。彼は生活上で逃げ腰になったとき逆に、表現の上では積極的になる性癖を持っていた。借銭依頼の手紙でひとの心を動かすことも、彼にとっては表現にほかならなかった。

「職業は、夢想を本職とし」「代用教員を副業に勤めている。本職の方からは一文の収入もないが」副業では八円の月給を得ている、と『林中書』にある。『林中書』は二十歳の青年の手になるとは思えないほど達者だ。彼の文飾の才がこの頃から並みのものではなかったこと、その筆致から本人も自信を持っていたことがわかる。もっとも、この手の達者さは早熟で自ら恃《たの》むところある、つまり生意気な青年にはおうおうにしてありがちなものだといえる。

『林中書』は学校という制度への軽侮と批評とに満ちている。

啄木は高等小学校までは「神童」だった。盛岡中学の入学試験では合格者百二十八名中十番、秀才に落ちた。一年生二十五番、二年生四十六番、三年生八十六番と下げつづけ、四年生では八十二番ときわどく維持したものの、成績の上では凡才のひとりになり果てた。国文法についての教師の質問には、「文法というものはその国語を用いる作者と読者との間の約束に過ぎません。文章を錯誤《あやまり》なく書き得る人には覚える必要のないものです。だから私は四段活も十段活も百段活も知りません」と傲然と答えたいやみな少年でもあった。もっとも、自分は特別である、選ばれたものであるという矜持《きょうじ》または錯覚は「生意気」とともに、時代の別にかかわらずこの年頃の特徴、または病気である。

予はその頃、大抵夜は二時三時まで薄暗《うすぐら》き燈火《とうか》の下に、読み、あるいは沈思《ちんし》した。予はこのため、その後一年ばかりも薬餌《やくじ》に親《したし》まねばならぬほどの不健康の素を作ったのである。熱した頭を夜風に冷まそうと外へ出る、上を仰《あお》げば満天の星！（……）そして、声なく寝静まった夜の街々を、喪家《そうか》の犬のごとく一人彷徨《うろつ》き廻《まわ》る事もあった。

こうして「「人生」という恐るべき誘惑の女神」の手に落ちた彼は、学校に対して「毫厘《ごうりん》の楽しみも」認めることが出来なくなり、卒業まであと半年というところで中学校を退学したのだった。

啄木は、「一学科で四十点以下の成績を得ると、落第させる」学校、自分の才能の開花を意図して阻害するがごとき学校という制度、「天才を殺して、凡人という地平線に転輾《ころが》っている石塊《いしころ》のみを作ろうとする教育者」をひたすら恨み、いきどおった。

天才――すなわち大人物は、世界の骨である、眼である、脳である。人生の司配者である、人間の理想的典型である。世界史はやはり天才の伝記である――我等は歴史の意義を知らなくても構わない、ただ人生の意義を知ればたくさんだ。

すなわち、教育の最高目的は、天才を養成する事である。

人を倒すには足を斬るのがよい。教育の足は小学校だから、まず小学校の代用教員として、「天才教育」を始めるのだとうそぶいた二十歳の啄木なのに、『林中書』執筆のわずか四カ月後、父の住職復帰運動もついにむなしく、一家離散が決定的となったとき、にわかに辞した。そして一年間の「北海道放浪時代」を経、明治四十一年、二十二歳の啄木は四度め、最後の上京をする。

上京後、本郷の下宿にあって小説を五篇、ひと月に三百枚も書く努力をしたのにまるで売れなかった。歌い捨てるようにつくる短歌ならいくらでもできたが、やはり生活を確立する収入を得るには遠かった。

明治四十二年三月、啄木は自ら売り込んで東京朝日新聞に校正係として入社した。六月、東京に呼ぶという約束を果たしもせず、送金もしてくれない啄木に業を煮やした家族が、北海道から上京してきた。妻と母と娘の三人である。少しすると父までが彼の家に転がりこんできた。その間子供がふたり生まれ、ひとり死んだ。

扶養の義務は重く、啄木もつとめはしたが、その生活はおもに計画性のなさと浪費の衝動、彼自身の性癖に起因するものによって安定せず、かつ妻と母との不仲は悩みを深めた。そういうときこそ逃避の一手段として仕事に集中する啄木は、二十四歳の五月末から六月にかけて社業のかたわら『我等の一団と彼』を書いた。それは啄木最後の小説作品となった。

『林中書』から三年半、啄木はすっかりかわっている。彼はむかしの彼ではない。「天才主義」が霧消したのはむろんだが、おのれを何人かの同僚に投影して造型すること自体、自分の特別な存在たるを信じていたかつての啄木を思えば夢のようである。『我等の一団と彼』の「彼」にあたる高橋は「謀《む》反人《ほんにん》の相貌《そうぼう》」をどこかに宿している。といって常々は反抗的でも虚無的でもない。過不足なく社業をこなす。家では、夫婦が互いに権利を主張して、そのあげくにいがみあうより、「少し位は莫迦《ばか》らしくても、機嫌を取って、賺《すか》しておく方が、差引勘定してよっぽど得」だから、平気で女房の尻にしかれる。女権拡張に賛成なのではなく、ひたすら平穏をいとおしむがゆえである。

では高橋は外界に全く無反応な木石のような人物なのかといえば、そうではない。社の同僚「我等の一団」のなかに松永という画工がいた。松永の結核が高じて社を休むと高橋は始終見舞いに行く。相談にのる。

高橋には美人の奥さんがいる。奥さんが隣室の学生と妙な間柄になってしまい、それゆえ越して、いまでいえば西武線のはるか奥という感じの池袋の先に閑居している。「批評」から自由になれる、無心に笑えるという理由で活動写真を好み、社を休んでまでも見に行く。これら高橋の表情、履歴、嗜好、すべてが実は啄木自身の反映なのである。

一方、画工の松永ははじめ日本画を志し、事情があって先生に破門された。その後油絵に転じ、新聞社の画工となったのだが、破門された頃がもっとも得意な時代だった、と松永は高橋に告白している。入社してからは実作者たるをあきらめ、批評家をめざした。しかし、批評するにも批評の根底が見つからないと松永は泣くのである。

松永もまた啄木自身の投影である。というのは破門、すなわち啄木にとっての中学校退学、その頃がおのれの「天才」を恃んで啄木のもっとも得意だった時期といえるからである。象徴詩から小説に移った啄木の経歴は、松永の日本画から油絵への転向に符合するし、いくら書いても小説は売れず、創作の根底が見つからないといって泣き、泣きながらいい捨てたような短歌によって一部の注目をはからずも集めたのが啄木であった。

啄木は短期間の社会生活のうちに急速におとなびた。成長した。おのれを特別視し、他をいたずらに軽んじる態度から自由になった。その結果、高橋や松永だけにとどまらず、語り手である亀山、そして「我等の一団」の全員に自己を投影し仮託する余裕が、すなわち生活者としての自信と精神の成熟とが、この小説からはたしかにうかがわれるのである。

奇妙なことに松永の病状描写には、彼自身の運命を予感させるところがある。「本人は案外暢気《のんき》な事を言っているけれども」松永の命脈は結核の進行によってほとんど尽きている。松永は以前から気づかず結核を病んでいた。体力のあるうちは抑えこんでいたが、その衰えとともに再び病巣は活発化し、ついに生命そのものをむしばむ。

啄木は自分が慢性的な結核患者であることに気づかなかった。さらに一家全員が結核菌におかされているなど、最期に近づくまで思いもしなかった。『我等の一団と彼』執筆当時は健康に自信を持ち、ときに気弱な思いを歌にして吐くことはあっても、それはだいたい金銭への恨みや感傷で、こと健康に関しては自信を持って六十か七十まで長命のつもりだった。松永はそんな啄木の、ちょうど一年後の姿である。虫の知らせというべきか。

あらためて『林中書』を読み直すとき、そこにはヨーロッパ世紀末の影響が濃いことがはっきり知られる。自由、恋愛、自己主張、そして自我という考えかたそのものはもとよりヨーロッパ近代の産物であるし、夢想や深夜の散歩は世紀末の流行である。世紀末ヨーロッパに濃く漂っていた空気は、まさに大衆への蔑視と天才への憧憬だった。歴史は天才がつくると信じられ、結核こそ天才にふさわしい特権的な病気であると、病気の実情とはうらはらに憧れの対象とさえなっていたのである。

「東海の小島」にすぎない日本のさらにその北辺で、水面に浮かんで喘ぐいたましい金魚のように世紀末ヨーロッパの空気を懸命に吸おうとしていた啄木は、『我等の一団と彼』を書いた明治四十三年初夏には大衆化の気配濃い東京市塵《しじん》のただなかに生きて、ようやく他者の視線を通過した自分、天才ならぬ一介の生活者たる自分の客観像を描き得た。

やがて、折りしもこの小説執筆中に検挙がはじまり、当局の意図によって野放図に拡大される「大逆事件」と遭遇することによって、彼は内向を脱し、外界にのばした触角の鋭敏さをすぐれて増す。そして日本社会と西欧文明との関係のありかた、光輝と暗黒とをあわせもつ明治という時代そのものへの非凡な考察へと至るのである。たんに「抒情歌人」にふさわしくないからという理由で従来採録されにくかったこの二篇の散文、『林中書』と『我等の一団と彼』は、啄木の精神の道程における象徴的二定点としてまことに重要な作品だといえる。

しかし残念ながら啄木の余命は、このときすでに二年足らず、活発な創作活動期はわずかに一年しか残されてはいない。さしてときをおくこともなく、同情に耐えないあの松永とまったくおなじ道をたどることになるのである。

病床に伏した啄木は、貧窮の底をなめつくして小石川久堅《ひさかた》町の借家で死ぬ。明治四十五年四月十三日、若山牧水によれば「街路には桜の花が汗ばんで咲き垂れ」るような暑い日であった。

死後、友人の土岐《とき》哀果《あいか》らが、渋る新潮社を拝み倒すようにして全集を刊行してやった。友情の篤《あつ》さに負け、慈善のつもりで出版した版元の社長はその売れ行きのたしかさに驚き、自らの不明を詫びた。生活する思索者、生活詩人たる啄木を評価したのは実に玄人ではなく、日本社会に生きる多くの誠実な生活者たちだったのである。

（筑摩書房、一九九二年四月）

「繁昌記」という名の挽歌

――『大東京繁昌記 下町篇』

『大東京繁昌記 下町篇』は昭和二(一九二七)年三月十五日から十月三十日まで、東京日日新聞に一九一回連載されたルポルタージュ、というか、作家たちの手になる見聞記をまとめたもので、単行本は翌昭和三年九月、春秋社から刊行された。

「下町篇」に名を連ねた作家は七人。執筆当時の年齢でもっとも若いのは芥川龍之介の三十五歳、もっとも年長は田山花袋の五十六歳で、他はそれぞれ泉鏡花五十四歳、北原白秋四十二歳、吉井勇四十一歳、久保田万太郎三十八歳、岸田劉生三十六歳である。五十代が二人、四十代が二人、三十代が三人と三つの世代に分かたれる。

花袋と鏡花は尾崎紅葉門下、白秋と勇は明治四十年代の遊び仲間という感じの、ほぼ同期生に当たる。万太郎と劉生、それに龍之介はいずれも大正年間に事実上創作活動を開始した人で、年齢は若いがとうてい新人とはいえない。すでに大家の面影がさしているのは成熟の早い当時としては異とするにあたらない。

花袋や鏡花には老いのかげりがうかがえる。

大正年間のはげしい文芸潮流――それは知識的な、つまり本を読む大衆の成立によって導かれたものだが――そのただなかにあって、明治四十年、冒険的かつ可憐な自然主義小説『蒲団』を書いたかつての前衛花袋も、おなじ明治四十年に『婦系図』を、大正二年には『夜叉ヶ池』を書いて不思議な味わいの鬼才と目された鏡花も、五十歳代で早くも老大家として遇されるようになっている。そして花袋はこの三年後の昭和五年に五十八歳で没し、鏡花はさらに十二年の余命をたのしむがさしたる作家活動はなく、昭和十四年に六十五歳で死ぬのである。

昭和二年は関東大震災から四年目である。

北原白秋は書く。


復興と創造と、東京は今や第二の陣痛に苦しみつゝある。この大川風景に見る亜鉛、煤煙、塵埃、鉄鉄鉄の鬱悶と生気と、また銀灰の輝きと、陽光に乱擾する騒音と囂々音と、何が駒形、何がまたほととぎす(……)架橋だ、開鑿だ、地下鉄道だ、駒形橋は完成されてもまだ通行は開かれぬ。

白秋は、それが彼の好むところなのか、東京の復興、あるいは都市のモダナイズへの期待感を主題としている。そして、それにふさわしい表現主義のシナリオのごとき実験的手法を選んでいる。

その稿の末尾はつぎのようである。


雲だ。積乱雲だ。ああ、雷鳴だ、電光だ。

火花、火花、火花。

驟雨、驟雨、驟雨、驟雨。黒雨。

ああ、大東京。


一方、彼以外はみな、程度の差こそあれ回顧的な態度で一貫している。

前年に吉井伯爵家の家督を相続した吉井勇は例によってひたすら感傷的であるし、銀座生まれでその頃画業の頂点にあった岸田劉生は、どこか良家のやんちゃな子弟らしい書きぶりながらも、たしかに明治をいたく懐かしんでいる。

浅草田原町生まれの久保田万太郎は、まだ三十八歳にしては落着きすぎた風貌で下町の盛り場の変化に嘆息し、旧館林藩士の子として生まれたが、父が西南戦争で戦死したため九歳十カ月から京橋南伝馬町の書店有隣堂の丁稚小僧となって働かなければならなかった花袋には、変転に富んだわが身に照らして往時を回想する気分が濃い。意外なことに花袋につぐ年長の鏡花だけが、淡々とした筆致である。

『大東京繁昌記　下町篇』全体を支配するのは「明治はもはや遠い」という空気で、もっとも年若いはずの芥川龍之介の原稿にそれがもっとも強く感じられる。中村草田男の「降る雪や明治は遠くなりにけり」という一句も、たしかこの頃の作だ。

大正は、日本が大衆化社会への第一歩を踏み出したはげしいひと時代であると先に述べた。「戦前」は実は昭和三十年代なかばまで細々とつづき、高度成長下の破壊的建設によって息絶えたのだとすれば、明治も大正まで生きのび、大正十二年の大震災によって命脈を絶たれたのである。江戸からのかすかな残光が消え果てたのもこの時で、年若いとはいっても下町生まれで過敏な性格の芥川龍之介は、生《お》い育った故郷をひさかたぶりに歩いて改めてそう強く感得したのであろう。

新聞と作家の関係もこの頃を境にかわる。

永く新聞と作家とは仲間であった。あるいは運命共同体であった。近代小説読者は成立してもその絶対数が不足した明治後半期から大正期にかけては、作家は自らの出販活動のみでは経済的に自立できなかった。彼らの多くは新聞社の社員作家となることで安定収入を望み、新聞も、また小説の魅力によって販路を広げようとつとめた。

芥川龍之介の場合も、大正七年、二十六歳のとき大阪毎日新聞の社友となって月給五十円を得、横須賀の海軍機関学校教官の月俸六十円と合わせた月収百十円で生活を支えた。翌大正八年には海軍機関学校を辞し、大阪毎日の正式な社員に身分を移して月給百三十円の作家専業生活に入った。他紙に書くことを制限されるが雑誌への執筆は自由という契約だった。

しかし大正十五年から状況は劇的に変化する。改造社が企画した文学全集、いわゆる円本が爆発的に売れ、この昭和二年にも新潮社などが円本全集を企画出版して、やはりよく売れた。明治三十年以降の教育普及政策がようやくここへきて実を結び、また大正年間に大量の「勤め人」層が出現して「読書する大衆」が成立したのである。円本の印税は作家の生活を根底から変化させ、これ以後作家の洋行、放蕩、家の新築が盛んに行われるようになる。

と同時に作家は新聞社の社員作家という身分から解放されるのだが、それは自由という不安を呼びこむことにもつながった。

しかし、少なくとも作家が世間から差別を受ける時代は終ったのである。差別された作家たちが、貧しいながらも誇りを持って世間を差別し返すという態度が文壇というゆるやかな共同体を生んだわけだが、差別を免れ、また経済生活も安定しがちとなった以上、文壇もまた変質を余儀なくされたのである。

昭和二年五月六日から二十二日まで新聞に掲載された記事を書くため、「本所両国」あたりをまったくひさかたぶりに再訪した芥川龍之介は、震災後の東京のあまりのかわり果てかたにただただ驚く風情だ。

彼は墨田川を眺めつつ、同行した記者に、昔は大川で泳げたし、魚も釣れたのだと語る。この昭和二年、つまり地下鉄銀座線の一部、浅草―上野間がようやく年末に開通する時代、川で泳げなくなったまではわかるとして、もはや魚も棲めないほどに水は汚れきっていたのである。その汚染をもたらしたものは大正五年にはじまった第一次大戦景気であった。

芥川龍之介は、大川端はもはや「歴史的大川端」となりかわってしまったと嘆き、つづけてこう書いた。

「如何に万法は流転するとはいえ、こういう変化の絶え間ない都会は世界中にも珍しいであろう」

本所育ちの彼が昔のままだとみとめ得たものは、「両国駅の引込線をとゞめた、三尺に足りない草土手」のみにすぎなかった。あとはすべて流転し去り、影さえとどめないかのようである。

のみならず、昔なじんだ一銭蒸汽は五銭に、名物の葛餅はひと皿三銭が十銭に、天神様の賽銭でさえ寛永通宝かせいぜい五厘だったはずのものが一銭銅貨に値上がりしていて、今昔の感はいまさらながらに深い。これもやはりバブルともいうべき第一次大戦景気と、それにともなったインフレのせいである。

高度成長を経験した戦後人ならこの程度のインフレには驚かないだろうが、実は日本史上これほどのインフレは御一新から西南戦争にかけての一時期についで僅かに二回目だったのである。そして明治二十五年生まれの芥川は当然、第一回目の強インフレを体験していない。

江戸っ子たる芥川はさらに萩寺を訪れ、小林平八郎の墓を詣でる。小林平八郎は赤穂浪士団に討入られた吉良邸の侍、「両刀を揮って闘った振り袖姿」で知られた人である。芥川にとって赤穂浪士は戦国のにおいのする野暮、小林平八郎こそが粋である。

白秋は駒形をコマガタと発声しただろう。芥川はコマカタといった。百本杭《くい》で知られる中洲は、ナカスではなくナカズだった。

吉井勇も言及しているが、明治四十一年十二月に「パンの会」がつくられた。若い芸術家たちが開化の情調ある西洋料理店につどって歓談した会で、パンとは牧羊神のことだ。ところが幸徳秋水が翻訳し、啄木も味読したクロポトキンの『麵麭《パン》の略取』という本のせいで、警察は危険思想とパンとを短絡し、当初はパンの会にも警戒心を持って接した。

パンの会の会歌は白秋がつくった。

空に真つ赤な雲のいろ、
まへに真つ赤な酒のいろ、
なんでこの身が悲しかろ、
空に真つ赤な雲のいろ。

彼らは、その頃芸術青年に流行しはじめたパリのサロンを思い、墨田川をセーヌに見たて、川の面に映る灯と水に流されていく談笑の声にヨーロッパ的な芸術家のありかたを憧憬したのである。しかし会歌の後段に「若い東京に江戸の風」というフレーズがあるように、彼らは同時にモダニズムのなかの江戸情緒を愛したのでもあった。

その江戸情緒は震災によって完全に破壊され、この昭和二年には片鱗さえうかがえない。

芥川は再訪原稿のラストを家族との会話で構成し、自分に「僕は実際無常を感じてね」といわせている。

彼はさらに妻にこのようにいう。「さあ、これから驚いたということを十五回だけ書かなければならない」。十五回とは新聞連載の回数である。

芥川龍之介はこの記事の連載が終ったちょうど二カ月後の七月二十四日に自殺した。本人にその気持があったかどうかは不分明だが、この本所と両国との漫歩は、まさに故郷見おさめの回遊となった。

前年の大正十五年から彼は心身ともに不調であった。湯河原にひと月、鵠沼には四回に分けて五カ月と、ほぼ半年間も転地しなければならなかった。

ところが昭和二年になると突然活発な創作欲を見せる。一月から四月までに十二本の作品を発表し、また谷崎潤一郎との「文芸的な、余りに文芸的な」という命名で知られる論争を展開した。五月にはこの「本所両国」のほかに二本の原稿を書き、東北と北海道を旅行した。六月から七月にかけてはさらに三本の原稿を書き、文藝春秋から単行本も上梓した。

なのに突然自殺したのは、体調の不良もさることながら、文筆労働そのものの疲労が重なったせいかも知れない。

しかしそれ以上に、この「本所両国」の稿に見られる、新しい東京の殺伐たる肌ざわりと新しさそのものへの違和、そして自分のよってきたる基盤をぐずぐずと突き崩されながら時代とともに流されていくことへの強烈な不安感と不快感、それらに彼の繊細な神経は耐え得なかったのではないかと思われる。

『大東京繁昌記　下町篇』は、「繁昌記」の名にそむいてその実、古い東京への挽歌であり、また古い東京を愛した者たちへの挽歌でもあった。

（平凡社ライブラリー、一九九八年十二月）

「切実な自己表現」としての文芸評論

――平野謙『島崎藤村』

一九四五(昭和二十)年の暮れも押し迫った頃、静岡県にいた藤枝静男のもとに、名古屋の第八高等学校以来の旧友本多秋五から一通の手紙が届いた。藤枝静男(勝見次郎)は戦時中平塚の海軍病院に勤めていたが、そこを占領軍に接収されたので妻の実家である天竜川沿いの村に引き揚げて医業を営んでいた。手紙には、今度やはり八高の友、平野謙などとかたらって「近代文学」という同人誌をやることにした、とあった。

戦時に消息の知られなかったなつかしい友からの手紙は藤枝静男に、「生涯忘れることがないであろう」感激をもたらした。彼はさっそく長い長い返信を書いた。このとき藤枝静男と平野謙は三十八歳であった。ただひとり浪人もせず旧制高校で落第もしなかった本多秋五は三十七歳であった。

本多秋五の第二信には「旧友は有難きかな」と率直な喜びがこもっていた。本多は、藤枝静男の手紙を岐阜の実家に帰郷中の平野謙に速達で送ってやったと書き、さらにつぎのようにつづけた。

「平野は今度一六〇枚の藤村論(新生論)を書きました。一読して「ヨンダ、ヒラノケンスックトタテリ、キンダイブンガクハ　シンセイロンノセタルザッシトシテ　キオクサレン」と電報をうった、そういうものです」

雑誌「近代文学」創刊号は一九四六年一月に出た。創刊同人は、平野、本多のほか、山室静、埴谷雄高、荒正人、佐々木基一、小田切秀雄の七人であった。そこには本多秋五の『芸術　歴史　人間』が、「近代文学」の根本的態度をしめす論文として掲げられ、平野謙の『島崎藤村――「新生」覚え書』の前半部分、埴谷雄高の小説『死霊』の連載第一回、そして蔵原惟人を招いた同人たちとの座談会が載った。第二号には平野謙の『「新生」覚え書』の後半部分、小林秀雄を招いた座談会があった。

一九二八年、平野謙、本多秋五のふたりを誘ってテント持参で奈良に行き、志賀直哉に面会した藤枝静男が小説をはじめて発表する舞台となったのもこの「近代文学」であった。一九四六年の春、彼らは戦後ようやく浜松で再会し、そのとき平野か本多のどちらかが「小説を書いてみないか」と藤枝にいったのである。

彼の小説「路」は一九四七年九月、「近代文学」十三号に載った。筆名の考案もふたりに頼んだのだが、送られてきた雑誌を見ると「藤枝静男」とあった。「藤枝」は勝見次郎の出身地である。「静男」は、八高時代の共通の友人で卒業間際に腸チフスで死んだ北川静男からとったのだとすぐにわかった。藤枝静男はこのとき生涯初の原稿料をもらった。それは一枚十円であった。このようにして、明治二十年代の「文学界」、大正初年の「白樺」のごとく、昭和二十年代を代表する同人誌「近代文学」は始動した。

平野謙「新生論」の反響は大きかった。川端康成は、それが「藤村氏の才質と性行との核心に迫って摘発したもの」と定義したあと、こう書いた。「私は反対ではないが反発を感じ、作家はこんなふうにやられてはたまらぬという気がした」

平野謙の第一評論集『島崎藤村』(筑摩書房)が、一九五三年に河出書房の市民文庫版として改めて刊行されたとき、その「解説」に花田清輝はつぎのように書いた。

「近代文学」創刊号の誌上で、はじめて「新生論」の前半に接したとき、わたしは快刀乱麻をたつような平野謙のあざやかな推理ぶりにうっとりとなり、この評論が発表されただけでも、雑誌創刊の意義があると感じたが——しかし、またそれと同時に、正直なところ、どうしてかれは、こういう超凡の才能を、えりにえって、「新生」のような愚劣な作品のために浪費しなければならないのであろうか、と不可解な気がした。そのようなわたしの疑問も、この冗長をきわめた偽善的な小説が、窮地を脱するために書かれた大犯罪者の手記だということになれば、直ちに氷解してしまうわけである。

島崎藤村に対しては以前から、押しつけがましいような、また気味悪いような印象を持つ人が多かった。それは、「自分のようなものでも、どうかして生きたい」といった「告白」に代表されるいわば生存への過剰な意欲からもたらされる「気味悪さ」あるいは「やりきれなさ」であるといえた。

一九〇五(明治三十八)年、たとえどんな犠牲を払っても自分の芸術を完成させると決意した藤村は、『破戒』を書くために三人の娘を栄養失調死させた。前妻もさして時をおかずに死んだ。姪《めい》島崎こま子との恋愛を清算し、その一件によって次兄との間に生じたこみいった金銭関係から逃がれようとして『新生』を書いた。そうして姪や、姪に生ませた男の子を見捨て、次兄からは義絶された。『夜明け前』では、おのれの芸術と実生活を守るために夫人を防壁とし、「かの女を生ける屍《しかばね》同然の境遇」(花田清輝）におとしいれた。

芥川龍之介は藤村を「老獪な偽善者」と呼んだ。花田清輝はさらに一歩進めて「犯罪者」と断罪した。「しかも、その犯罪たるや、白昼公然と行われたにもかかわらず——いや、白昼公然と行われたからこそ、かえって、かれは、誰からも一度も犯罪者だとは疑われず、生涯にわたって「誠実」の仮面を、たくみにかぶりつづけることができたのである」

平野謙はおなじ『島崎藤村』市民文庫版の「あとがき」で、川端康成の感想に対してはこうしるしている。

川端さんのような作家に、「こんな風にやられてはたまらぬ」と、もしほんとに感じさせたとしたら、それは私の藤村像になにほどか文学的リアリティのそなわっている証しであって、いささか快心事でないこともない。

一方、花田清輝の「解説」に平野謙は、やや冗談めかしてこう抗議した。

私は私の藤村像を救いあげたいと思って大骨折ったのだが、そういう私の希いは結局だれにも届かなかったらしい。私のいたらなさのせいである。だが、花田清輝よ、あなたは藤村らを代表とする日本文士のカナシサに、シンミになって思いをいたしたことがありますか。（「花田清輝の笑い」「近代文学」一九五三年八月）

しかしそういいながら平野謙は、市民文庫版が六〇年に新潮文庫に入ったとき、花田清輝の「解説」をそのまま踏襲したのであった。

平野謙は一九三〇年、八高から東京帝大文学部に進み、やがて急速に左傾化した。そういう学生のつねとして学校から遠ざかったのみならず、中里介山『大菩薩峠』の主人公机龍之助に似た凄味を帯びた美男であった彼は、主任教授と衝突して退学した。しかし転向後の三九年に復学、結局十年がかりで大学を出た。

情報局嘱託となったのは四一年春、三十三歳のときで、すでに文芸評論は開始していたものの、実はこの頃まで平野謙は岐阜の実家から送金をあおいでいたのである。

一九四二年十一月、第一回大東亜文学者会議の席上で平野謙ははじめて生ける藤村の姿に接し、その「老詩人の洗い去った無垢な美しさに搏《う》たれ」た。藤村は翌四三年八月、七十一歳で死んだが、その葬儀に平野謙が参列したのは、彼がその年の六月に情報局を辞め、本多秋五とともに、勝本清一郎がキャップをつとめる中央公論社出版文化研究所の嘱託となっていたからであった。

四三年後半から四四年前半にかけて平野家を襲った混乱と悲劇は、「『島崎藤村』あとがき」(筑摩書房版)に平野謙自身がしるすとおりであった。藤村と同年生まれの父履《り》道《どう》は、三男馨のガダルカナルにおける戦死を知ると急速に衰え、四四年一月に「土崩瓦解する」日本と命運をともにするかのごとくに死んだ。平野謙は、それ以後敗戦まで「新生論」を書くべく苦闘し、ついに戦後間もない時期に宿願を果たしたのである。「あとがき」にはガダルカナルで死んだ弟について、謎めいた記述がある。

その弟に対しては、たとえば宮内寒弥《かんや》が自殺した弟にいだいたような感情を、私は誰にも語らず永年いだきつづけていた。

平野謙の生家は浄土真宗の寺であった。本多秋五も戦後になるまで知らなかったというその事実を明らかにしたのは埴谷雄高で、それも「近代文学」が百八十五冊を出して終刊する時期のことであった(埴谷雄高「平野謙」「群像」一九六四年十月)。

平野謙(本名朗《あきら》)の父履道(号柏蔭《はくいん》)は東京専門学校時代の早稲田に学び、自然主義文学の洗礼を受けた。しかし島村抱月、長谷川天渓の同調者たり得ず、やがて文学から離れた。一時私立大学で倫理学を講じたのち生家の僧職を継ぎ、その父履信《りしん》の残した巨大な借財を、十人の子供たちを育てながら返済した。

長男朗は、実は、不測の住職不在事態を恐れた檀家の圧力で、少年時代に得度《とくど》していた。しかし、その才質をおのれに似たものと見た履道は長男の自由を許し、また朗の生活と仕事に批評がましい言葉を生涯加えることがなかった。

長男にかわって寺の後継者と目されたのが三男馨であった。宮内寒弥もまた文学を志して家業を継がずに弟に託し、それゆえ地方に暮らして屈折した思いを抱いた弟は、さまざまないきさつの末に自殺したのである。

以上のような経緯は、明治大学大学院で平野謙に学び、その「探偵的手法」を忠実に受けついだかと思われる中山和子の『平野謙論』(筑摩書房、一九八四年)に拠った。

中山和子はさらに、平野謙青年期の「リンチ共産党事件」の体験を発掘した。平野謙は一九三三年、内部に入りこんだスパイとして強硬な査問を受けるうちに死んだ共産党幹部小畑達夫と半月以上同居したことがあった。

私は小畑がスパイだったにちがいない、と新聞発表当時から信じたが、その小畑が党中央委員になりあがっていた驚きは、次第に前衛組織の脆弱ぶりということと結びつかずにいなかった。（平野謙『文学・昭和十年前後』）

しかしその小畑に、当時の自分の恋人を「ハウスキーパー」とされて奪われたことは口にしなかった。組織によって自由を抑圧された女性の「運命」への同情と怒りは、父や家族に対して抱く重たい思いとともに、平野謙の文学の根源的動機となった。そして、それらは固く縒り合わされて、まず「新生論」として結実したのである。

島崎こま子が共産党と生涯関係を持ちつづけたことも中山和子は明らかにした。一九二五年、台湾から帰ったこま子は、京大社会科学研究所の「おばさん」となって働いた。やがて十歳年少の左翼学生と周囲の反対を押し切って結婚した。しかし間もなく逮捕された相手は、出獄後、若い女性とともに姿を消した。この間こま子は三十九歳で女児を出産している。その後こま子は過労と栄養不足から肋膜炎にかかり、一九三七年春養育院に収容された。

一般にはここまでしか消息の知られなかった彼女だが、のち木曾谷に住んで、戦後は地域の共産党再建につとめた。長谷川（島崎）こま子が没したのは一九七九年六月、享年八十五であった。

一九四六年一月の「近代文学」創刊号は表紙なし、簡素な針金とじで八十ページの小冊子であった。同人たちは販売係も兼ね、リュックサックに雑誌を詰めて東京中の書店に配布して歩いた。平野謙の担当は銀座で、四百冊も詰めこんだ荷を背負って階段を昇り降りした。

その大きく膨らんだリュックサックの下で彼の腰もとは大きくふらついたのである。そして、よろけながらも階段を踏みしめゆく彼の前のめりの足取りには、やはり彼自身の「新生」もまたまぎれもなく二重映しに重なりあっていたといわねばならない。（埴谷雄高「戦争中のこと」「毎日新聞」一九八一年四月一日）

平野謙は七六年春、癌《がん》研で食道がんの手術を受けた。翌七七年十一月、病後の体で『平野柏蔭遺稿集』を編み、「文芸評論家としての私のルーツは、よかれあしかれここに存している」と「あとがき」にしるした。そこには、パリの宿で父島崎正樹を強烈に想起し、やがて『夜明け前』を書く藤村の心境とたしかに重なるものがあった。

文芸評論というジャンルで、ひそかに、しかし縦横に自己を語り、最後の最後まで評論中に自分を検証しつづけた平野謙は、一九七八年四月三日、「近代文学」同人たちに先立って死んだ。七十歳であった。

（岩波現代文庫、二〇〇一年十一月）

網膜に焼き付いた風景

——原民喜『原民喜戦後全小説』

原民喜は一九四五(昭和二十)年には三十九歳であった。八月四日朝、妻貞恵の広島の墓に詣でた原民喜が手にしていたのは、亡き妻を連想させる「黄色の小弁の可憐な野趣を帯び」た、無名の「夏の花」であった。

四四年九月、妻は千葉市の借家で肺結核と糖尿病のために亡くなった。三十三歳であった。四五年一月、原民喜は約十年住んだ千葉を引き払い、故郷広島に帰った。実家の原商店は陸海軍と官公庁の注文を引き受ける「被服支廠《ししょう》」御用達の繊維商で大きな縫製工場を持ち、戦争中も活発な生産を行っていた。実務に役立たざる人と自他ともに認める原民喜だが、実家の事務を手伝うほか広島で日を暮らす手だてはなかった。四四年に国民兵として点呼召集されてはいたが、すでに戦況の悪化は明らかで、正式に召集されることはなさそうであった。

大都市は無差別爆撃を受けてすでに焦土と化し、四五年六月以降、B29の攻撃目標は地方都市に移っていた。岡山、下関、宇部、徳山、高松、松山と空襲を受けたが、中国地方の中心都市であるにもかかわらず広島は二度小規模の攻撃を受けただけであった。

「土佐沖に敵編隊」という決まり文句で始まる空襲警報は、連夜出された。爆撃機は四国山地を越えて瀬戸内地方に出現するのだが、広島付近への攻撃は海面への機雷投下に終始した。そのため広島市民は弛緩し、負担であった夜間の「防空当番」を中止しがちとなり、原商店もそのひとつであった。延焼を防ぐための「建物疎開」はつづいていたものの、広島はこのまま無事なのではないかという楽観的空気が広がった。広島と同じく、まだ本格的な空襲に見舞われていないめぼしい都市に、新潟、京都、小倉、長崎があった。

しかし六月三十日から七月一日の未明にかけて呉が大空襲を受け、大都市空襲に匹敵する数千人という犠牲者を出した。原民喜はその巨大な炎を、広島湾を隔てた五日市から見た。広島中心部から十キロほど西、海岸部の五日市町に、原商店の経営者たる長兄は妻と荷物を疎開させるために家を借りていたのだが、いざというとき場所を知らないでは困る、一度行って見て来い、といわれて訪ねたのであった。

原商店は広島駅に近く、駅を出て猿猴川と京橋川、ふたつの川を渡って一キロ弱の幟《のぼり》町にあった。次兄も妹も家業に従事していたそこは、爆心地から直線で一・二キロほどである。

八月四日午前、亡妻の墓参から帰った原民喜は、家のあわただしい空気に気づいた。突然、工場と家の「建物疎開」を命じられ、八月六日のうちに立退きを命じられたのだという。次兄はおろおろするばかりだったが、長兄は電話で五日市の妻を呼び出した。広島に戻った兄嫁はすぐに市会議員の有力者のもとに出向いて説き、原商店の「建物疎開」を中止させた。いろいろ問題ありげな兄嫁だが、政治的外交的な実力者なのであった。また空襲警報で電車が不通になる前にと、兄嫁が急ぎ疎開先に帰ったのは、八月四日午後四時頃であった。

三部に分かれた『夏の花』最終部「壊滅の序曲」の最後はこのようであった。

「暑い陽光《ひざし》が、百日紅の上の、静かな空に漲《みなぎ》っていた。……原子爆弾がこの街を訪れるまでには、まだ四十時間あまりあった」

八月六日の朝、原民喜は実家の厠に入った。

「突然、私の頭上に一撃が加えられ、眼の前に暗闇がすべり墜ちた。私は思わずう、わあと喚《わめ》き、頭に手をやって立上った。嵐のようなものの墜落する音のほかは真暗でなにもわからない」(「夏の花」)

父原信吉が、創業十一年目の民喜誕生の年に相当な金をかけて建てた家は頑丈で、原爆の爆風にも耐えた。壁は壊れ、建具はすべて破壊されたが、家は原形を保っていた。

原民喜は軽傷ですみ、妹も一見無傷であった。しかしやがて付近の火の手が迫ったので京橋川の上流西岸にある泉邸(のちの縮景園)に避難した。河原にあふれかえった被災者たちは、いちように水をもとめていた。長じてからはまともに泳いだこともなかった原民喜だが、川を流されてゆく女の子を見ると材木をかかえて川を泳ぎ、その子を助けた。

翌日、原民喜は原商店の人々とともに筏で渡河し、川からさして遠くない二葉山の南麓、東照宮に避難した。持っていた手帳に、「突如　空襲　一瞬ニシテ　全市街崩壊」というメモを書きはじめたのは、その八月七日であった。

八日、長兄が調達してきた馬車で五日市方面に向かって崩壊した市街を横断、その光景を目に焼き付けた。意図してそうしたのではない。恐るべき風景は、恐るべき強制力を持って原民喜の網膜に焼き付いたのである。その途上、次兄の下の息子、小学一年生の遺体を発見し、「文彦ノ死骸アリ」としるした。運ぶことはできないので、次兄が爪を切り取ってその場を去った。

原民喜は、長兄が次兄の疎開先にとあらたに借りていた八幡村の家に同居した。八幡村は五日市から山側に四キロほど入ったところの農村であった。

「我ハ奇蹟的ニ無傷ナリシモ　コハ今後生キノビテコノ有様ヲツタヘヨト天ノ命ナランカ」

と書きつけた原民喜は、障子紙を貼るための糊をつい食べてしまうほどの空腹に耐えながら、メモの原稿化につとめた。原商店の事務用箋に鉛筆で罫線を引いた原稿用紙に「夏の花」第一部三十八枚を書きあげたのは、四五年十一月であった。

東京の佐々木基一の求めに応じて四六年一月に送った恐るべき迫真力の原稿には、当初「原子爆弾」という題名が付されていた。このままでは占領軍の検閲に引っかかる。佐々木基一をはじめ原民喜の友人たちが苦慮した末に、「三田文学」なら一種の同人誌だから検閲をまぬがれるのではないか、と掲載に踏み切ったのは原民喜が上京して一年以上が経過した四七年六月のことであった。それでも初出時には、被災者の悲惨な描写を二、三カ所削った。佐々木基一は本名永井善次郎、広島県三原に近い山間の本郷町出身で原民喜より九歳下、民喜の妻貞恵の弟であった。掲載するとき題名を、貞恵の墓前に供えた花の記述から「夏の花」とかえた。

つづく第二部、おもに八幡村での生活と原爆被爆後の広島をえがいた「廃墟から」四十枚は、「三田文学」四七年十一月号に載った。原子爆弾以前、四五年三月から八月四日までの原家と広島を書いた最終部、八十枚あまりの「壊滅の序曲」は、佐々木基一、平野謙、本多秋五、埴谷雄高らが発刊した「近代文学」四九年一月号に掲載された。単行本『夏の花』は能楽書林からその翌月に刊行された。能楽書林は慶応義塾時代の友人、二歳下の丸岡明の版元で、「三田文学」も編集・発行していた。原民喜は三五年、二十九歳のとき掌編集『焔』を自費出版で出していたが、満四十三歳で出したこの『夏の花』が事実上最初の本であった。

四九年四月から原民喜は講談社の文芸誌「群像」に書くようになり、ほとんど初めて原稿料を得た。「群像」の編集者大久保房男も、晩年につきあいのあった年少の友人たち、のちに作家となる遠藤周作、詩人藤島宇内をはじめ、原民喜をささえたのはほとんど慶応義塾の出身者で、広島高等師範付属中学の後輩で旧制山口高校から東大美学科に進み、後年文芸と映画の評論家となる佐々木基一は、ほとんど例外であった。

原夫妻が十年あまり住んだ千葉海岸近くの高台にある借家は、畳敷きだけで二十五畳半、風呂場と四坪の庭のついた広い家であった。その暮らしは原商店からの仕送りによってささえられていた。しかし四二年はじめから原民喜は、対人関係がまったく不得意であるにもかかわらず船橋市立船橋中学で英語講師となり、生涯初めての定職についた。三九年秋に妻が結核と糖尿病を発病し、さらに戦時インフレによって生活が著しく圧迫されたためであったが、英語の授業が週五時間から二時間に減らされ、さらに船橋中学が県立に移管されることになった四四年三月、退職した。妻が死んだのはその年の九月であった。

ほとんど口を利かず、「人間世界」を恐怖する原民喜にとって、妻は外界とをつなぐ唯一の「回廊」の役割を果たした。他者と会えば、沈黙の原民喜のかわりに貞恵が心得た「通訳」のように話した。夫の文学を無条件に認めながら、日常のすべてを引き受けてくれた妻が、幼子を残して死ななければならない若い母親のような無念のうちに逝ったときから彼は生きる意味を失い、「死者の眼」で世界を見た。

「もし妻と死別れたら、一年間だけ生き残ろう、悲しい美しい一冊の詩集を書き残すために……」(「遥かな旅」)と書いたのは本心であった。だが原爆によって数年延期された。

原民喜は一九〇五(明治三十八)年秋生まれ、勝利のうちに日露講和がなって「民が喜ぶ」から民喜と命名された。原家は豊かな大家族で十人きょうだい、民喜は早逝した長男、次男を除けば三番目の男の子で、幼い頃から異常なまでに神経質な性格であった。

民喜にとって帰りたい時代とつねに意識されつづけたその幼少期だが、同時に彼は、天井や便所の「薄闇のなかで」「奇怪な生きものたちが、薄闇のなかで僕の方を眺め、ひそひそと静かに怨《えん》じて」いるといった幻想を見る少年でもあった。彼は「あの朧気《おぼろげ》な地獄絵は、僕がその後、もう一度はっきりと肉眼で見せつけられた広島の地獄の前触れだったのだろうか」と書いている。

一九一七(大正六)年、父信吉が五十一歳で病没したとき、牧歌の時代は終った。翌一八年、広島高師付属小から付属中へ進む試験に失敗、一年間小学校高等科で学ぶことになったが、ほぼ同時期、慕っていた八歳上の姉が亡くなった。少年期以後の原民喜に大きな影を落とすできごとがつづいた。

付属中の四年を修了して上級学校に進む資格を得ると、五年生ではほとんど登校せず、自宅で読書に日を暮らしたのは、帝大予科である旧制高校の試験を受けるつもりがなかったからである。慶応義塾の文科に進んだ彼は、将来の就職を考慮せず、職業作家になるか、あるいはただ文学の周辺で生きて行ければよいと考えていたようである。

慶応予科入学は二四年、原は三年で修了する予科に五年在籍した。本科三年となった三一年四月、原民喜は「モップル(日本赤色救援会)」の活動で逮捕されたが、この経験を原は妻にも話していない。慶応本科を二十六歳で卒業した三二年の春、横浜本牧の妓楼の女性を身請けして同棲した。相当な額の身代金は原商店が出したのである。だが女性に一カ月で逃げられ、彼はカルモチン自殺をはかった。

上京後、慶応予科ではじめて得た友人、山本健吉の影響下に築地小劇場の運動に刺激され、やがてニヒリズムとダダイズムの洗礼を受けた。ついでマルクス主義に接近した原民喜は、自ら社会不適応者を任じながらも、昭和初年の知識青年の歩んだ道を短期間のうちになぞったのであった。

六歳下の貞恵と結婚したのは三三年、二十七歳のときであった。三四年、新宿柏木に住んでいたとき、原夫妻は特高警察に検挙された。昼夜逆転の生活を怪しまれたのである。一晩で帰されたが、近所で親しく行き来していた山本健吉の政治的活動の余波ではないかと疑った原民喜は、山本と絶交、あえて遠い千葉に越して妻と二人の別世界を築こうとした。

『夏の花』は、自らの内的描写を主とした原民喜の作品系列中ではまったく異質といえる。佐々木基一は書いている。

作者はあたかもいま起った出来事の新鮮さに心の昂ぶりを感じている風である。そうしてたぶんそのために、外界の強烈な印象が直接網膜にはりついたといった気味合いがある。心象風景を主として描いた原の作品系列の中で、純粋に視覚的印象からのみなるこの作品が異質に感じられる所以《ゆえん》であるが、これはまた巨大な死の積み重なりを眼の前にして、それまでは死者の眼で外界を眺めるのをつねとしていた作者が逆に生に甦ったという逆説にも由因する現象であろう。

原民喜の俳号は「杞憂」であったが、原子爆弾は天を墜とした。その後に広がっていた地獄の光景は彼の内面世界を一瞬にして押し流し、同時に彼を「生き残り」すなわち「生者」にかえた。その「生者」の大きな眼の網膜に焼き付けられたものを、彼は宿命と見て記録したのである。まさに畢生の言語表現であった。

四六年四月、再上京した原民喜は自分の居場所に苦労した。最初に置いてもらった大森の友人宅は、友人の妻に追い出された。その後、中野の甥の下宿、中野のアパート、神保町の「三田文学」編集室の隣室を転々とし、五〇年はじめに武蔵野市吉祥寺の田んぼの中の下宿に落着いた。この間、戦後の食糧難とハイパーインフレが原民喜を苦しめた。

実家からの援助はもはや望むべくもない。四七年暮れに広島に帰ったとき、亡母から贈られた土地を長兄に売ってもらった。京橋川沿いのよい土地だったが、不動産取引が活発化する直前だったからたいした金額にはならなかった。四九年二月に刊行された『夏の花』の印税は、彼ひとりの生活を四カ月ほどささえて尽きた。五〇年四月、日本ペンクラブ広島の会主催の「平和講演会」で帰郷した際、父の遺産である株券を売ってもらった。その一万五千円ほどの金は、やはり生活費の四カ月分だった。生活上の危機が、原民喜の死を決定づけた。

五一年三月十三日の夜更け、原民喜は中央線の吉祥寺・西荻窪間の線路に身を横たえて自殺した。四十五歳であった。周到な準備をした末のことで、友人たちと親族宛ての遺書が十数通残されていた。

僕はいま誰とも、さりげなく別れてゆきたいのです。妻と死別れてから後の僕の作品は、その殆どすべてが、それぞれ遺書だったような気がします。

佐々木基一宛ての遺書である。

岸を離れて行く船の甲板から眺めると、陸地は次第に点のようになって行きます。僕の文学も、僕の眼には点となり、やがて消えるでしょう。

それは再び「死者の眼」に立ち戻って見た風景であった。

そのほか友人たちに贈る遺品が、それぞれに荷札をつけて置かれていた。自作の詩の清書と、雑誌原稿の切り抜きを整理して作品集のかたちにまとめたものもあった。妻貞恵の最後の言葉は、「あ、迅《はや》い、迅い、星……」であった。

日頃から空高く飛翔する雲雀《ひばり》を好んでいた原民喜は、天空の高みに向かって飛び、やがて流星になりかわった妻を想像した。そうして彼は彼女のあとを追う流星と化したのである。

（講談社文芸文庫、二〇一五年六月）

「日本の文学」刊行と一九六三年という時代

――中央公論新社編『対談　日本の文学　作家の肖像』

一九六三(昭和三十八)年五月二十九日、三島由紀夫は中央公論社社長・嶋中鵬二からの電話を大田区南馬込の自宅で受けた。嶋中鵬二は、先代社長であった父・嶋中雄作の急死で社長に急遽就任して十四年、まだ四十歳だった。しかし三島由紀夫はそれより若い三十八歳だった。

嶋中社長はいった。

中央公論社では創業八十年記念事業として「日本の文学」八十巻を、翌六四年二月から順次刊行する予定だ。それは日本近代文学八十年の代表的作家と作品を網羅した決定版となるはずだが、ぜひその編集委員になっていただけないか。

編集委員は七名、最年長が七十七歳の谷崎潤一郎、ついで六十四歳の川端康成、五十歳代の伊藤整、高見順、大岡昇平、それに大正生まれのドナルド・キーンと三島由紀夫であった。ドナルド・キーンは日本語と日本文学の古典を網羅した恐るべき知識の持ち主であるのみならず、『近代能楽集』を英訳するなど三島とは昵懇《じっこん》の間柄だった。

哲学者の鶴見俊輔は、嶋中鵬二がキーンを編集委員に選んだことを、日本文学のための英断と評価した。鶴見と嶋中は東京高等師範付属小中の同級生であった。しかし過剰なまでに早熟かつ反抗的であった鶴見は中学を退校となり、父親の鶴見祐輔からアメリカに「島流し」された。彼は当地で哲学のおもしろさに目覚め、日本の中学校の卒業資格がないまま十六歳でハーバード大学に入り、一九四二年、交換船で帰国する直前、十九歳で卒業していた。

コロンビア大学の学生であったドナルド・キーンは、戦中、アメリカ海軍の日本語学校で学び、アリューシャン列島キスカに日本兵の残した日記などを読む仕事をした。そうするうち、日本と日本語に強い興味を抱き、戦後、京都大学に留学したのである。

京都の同じ下宿にいたのが永井道雄であった。その才能を認めた永井は、高等師範付属以来の友であった嶋中にキーンを紹介した。キーンが嶋中を訪ねたのは中央公論社がまだ丸ビルに入っていた一九五三年、三十一歳のときであった。嶋中はキーンをたちまち信頼し、五五年から一年間「中央公論」に「紅毛文藝時評」を連載させた。

嶋中社長は三島由紀夫への電話を、このようにつづけた。

すでに八十巻の人選と作品選定はあらかた出版部で行っている。一八八六(明治十九)年から一九六六(昭和四十一)年まで八十年間の文学史上に名前を残す作家は約千五百人いるが、そのうち漱石と谷崎潤一郎は一人で複数巻、それ以外の著名作家は原則一人一巻とする。そうでない作家や若い現代作家は二人あるいは三人で一巻とし、それに漏れた作家は、三、四巻分の「名作集」に作品を一作ずつ収録する。編集委員諸先生にはその検分をたまわり、また各巻に付する解説を、お一方四、五巻分お願いしたい。

この壮大な企画の第一回編集委員会議は六日後、六三年六月四日に虎の門「福田家」で行われたが、収録作家の選考をめぐって議論は白熱した。第二回は七月二日であったが、高齢の谷崎潤一郎、コロンビア大学で教えているドナルド・キーンは、第一回と第二回の会合を欠席した。この五月に『午後の曳航』を書き終えたばかりの三島由紀夫は、同月中に大長編『豊饒の海』の構想を得ていた。作家として最も脂ののりきった時期であった。

中央公論社は一九六〇年前後から波乱のただなかにあった。

「中央公論」「婦人公論」と純文学単行本の刊行で定評のあった中央公論社は、五九年十月、「週刊コウロン」を創刊した。取材力・販売力・資金力のある新聞社以外には成功しないとされた週刊誌だが、五六年に創刊して定着した「週刊新潮」の刺激を受けてのことだった。しかしうまくいかず、六一年八月に休刊していた。

六〇年十一月十日発売の「中央公論」は深沢七郎の小説「風流夢譚」を載せたが、皇室を過剰に揶揄したその作品は物議を呼んだ。

三島由紀夫は編集部に頼まれて掲載前にこれを読み、書き上げたばかりの自分の短篇小説「憂国」とともに深沢の原稿を編集者・井出孫六に渡して、二作一緒に掲載したらどうかと伝えていた。そうすれば深沢作品の「毒」をいくらか中和できるだろうと踏んだのである。しかし六〇年十二月一日発売の「小説中公・冬季号」に掲載された。「憂国」は二・二六事件の蹶起《けっき》に、新婚ゆえに友人の将校らに誘われなかった若い中尉が、その無念を晴らすために妻とともに自死する話だから、深沢作品の毒消しになったかどうかわからない。

六一年二月一日であった。新宿区砂土原町の嶋中社長宅を訪れた十七歳の少年が、深沢作品を「不敬」だとして刃物をふるい、お手伝いの女性を刺殺、嶋中夫人に重傷を負わせるという凄惨な事件が起こった。少年は拘留中に自殺したが、その後嶋中家はもちろん、三島由紀夫も警察の警護の対象となったのは、三島がこの小説を「推薦した」という説が流布したためであった。

「思想の科学」は鶴見俊輔、丸山眞男、都留重人らが中心となって四六年に創刊した雑誌で、五九年から中央公論社が印刷と発売を引き受けていた。六一年十二月、その「天皇制特集号」を中央公論社が発売中止とし、刷り上がった雑誌を断裁してしまったので、「思想の科学」同人は中央公論社に執筆拒否を宣言した。

だが中央公論社の出版事業は、このような悲劇と齟齬にもかかわらず隆盛を極めつつあった。

「風流夢譚」が「中央公論」に掲載された十日後の六〇年十一月二十日、『世界の歴史』が発売された。創業七十五年記念事業としての「ホームライブラリー」、すなわち各家庭に教養書を常備させるという大構想の第一弾として企画された『世界の歴史』全十六巻は、それまでの論文寄せ集めの「講座」風を廃し、「小説より面白い」「人間の体温を持った歴史書」を謳い文句とし、著者一人に一冊すべてを書かせた。全体の監修者は貝塚茂樹、村川堅太郎、それに池島信平であった。池島信平は文藝春秋社の出版部長であったから、まさに異例の人選で、当時の出版界の開放的な空気が察せられる。

装幀にはファッションデザイナーの中林洋子を起用、B6の小型変型判として「ハンドバッグにも入る」と強調した。大いに売れたこのシリーズの精神は、「日本の文学」八十巻はもちろん、六三年開始「世界の文学」五十四巻、六五年開始「日本の歴史」二十六巻、六六年開始「世界の名著」六十六巻、六七年開始「日本の詩歌」三十巻、六八年開始「新集世界の文学」四十六巻に受け継がれ、装幀もシリーズごとに色を変えただけで踏襲された。本が教養の源として売れた幸福な時代であった。

六三年七月二日、「日本の文学」の第二回編集委員会議では編集担当者から提案があった。全集ものには各巻本文の「解説」に加えて、作家を回想するエッセイなどを載せた「月報」を挟むのが普通だが、それではおもしろくない、本シリーズの「月報」には作家本人と編集委員、あるいは「解説」執筆者との対談を載せたいというのである。対談は原稿用紙三十枚分、八十巻では合計二千四百枚にも達する。それだけでも何冊かの本の分量で、実際、のちに単行本となり、さらにのち全三巻の文庫版として刊行されたものが、まさにこの本である。そして、そんな野心的提案に編集委員は全員賛成した。

存命作家ならその肉声が、物故作家ならその家族が、編集委員を中心とする「解説」担当者との対談のかたちで伝えらえるのは、それまで読者に軽視されがちであった「月報」の価値を飛躍的に高めることになる。それは従来の「全集」の「習慣」に対する編集者側からの異議申し立てでもあった。その意味でも中央公論社版「日本の文学」は「世界の歴史」とおなじく野心的企画といえた。

一人三巻とするのは漱石と谷崎潤一郎、一人二巻が鷗外、藤村、志賀直哉、永井荷風で、谷崎以外の編集委員は、キーンをのぞいてそれぞれ一人一巻とした。ただし翌六四年二月の第一回配本は谷崎潤一郎(二)で、以後川端康成、太宰治、石坂洋次郎、藤村(一)、林芙美子、漱石(一)、売れそうなところから毎月刊行する予定であった。

ここまでは一同異存はなかったが、そのあとが紛糾した。それは前回から持ち越された、松本清張を「日本の文学」に入れるかどうかの議論であった。

松本清張は小倉の朝日新聞西部本社に勤めながら小説を書き、『或る「小倉日記」伝』で五三年に芥川賞を受賞した。五四年、四十五歳で上京して朝日を辞め、専業作家になると推理小説に転じて、五七年、列車時刻表をトリックに使う『点と線』を発表して話題をさらった。

さらに『眼の壁』『ゼロの焦点』とたて続けに発表した作品群も売れたが、それらは高級官僚や政治家、あるいは暗躍する「黒幕」への反発と指弾を特徴とし、また一時絶対的権力であった占領軍の「陰謀」を『日本の黒い霧』ではえがいた。「社会派推理小説」と呼ばれた松本作品は純文学の範疇にはおさまらないものの、確実に売れ行きが見込めたため嶋中鵬二はどうしても入れたかった。しかし三島由紀夫は強い懐疑をしめし、松本清張を入れるなら自分は編集委員を降りる、自分の作品も取り下げる、とまでいった。

三島は、たんに生理的に松本清張を嫌悪したのではなかった。周到な三島は少し前、松本清張とともに河出書房の文学全集の編集委員となったとき清張作品を読んでいた。そしてこれは「社会派」ではない、それをいうなら社会的事件を素材に『金閣寺』『宴のあと』『美しい星』などを書いた自分こそが「社会派」ではないかと考え、松本清張を拒絶したのである。

七月十二日、朝日新聞に「日本の文学」刊行予告と「編集委員の言葉」が載った。キーンが初出席した七月十七日の第三回でも松本清張をめぐる議論はつづき、三島の意見に大岡昇平、高見順も賛成した。

第二回編集委員会のあと嶋中鵬二は三島ら編集委員宅を直接訪ね、松本清張反対派と懐疑派の編集委員の説得を試みたが不調に終った。十七日の第三回でも、編集サイドの松本は二人で一冊ではどうかという提案に対し三島は、一人で一冊、二人で一冊ということではない、彼を入れればこの全集の性格がかわってしまう、編集委員として責任が持てないと強硬だった。

七月三十日の第四回で、松本清張のかわりに川端の提案で徳田秋声を二巻分とし、三島の提案で柳田国男を入れることになったが、その巻は柳田国男と折口信夫に斎藤茂吉を加えた、いささか変則的なものになった。第五回編集委員会は八月十七日に行われて最終的に決着を見た。

結局「日本の文学」で三島由紀夫は、泉鏡花、川端康成、谷崎潤一郎、林房雄、尾崎一雄、内田百閒らの「解説」を書いた。稲垣足穂の巻の「月報」では本来なら存命する本人と対談するのが筋であるところ、あえて澁澤龍彥を相手にえらんだ。その対談中で三島は、稲垣足穂との対談を避けた理由を、こう語っている。

「一つの理由は、稲垣さんの昔からの小説をずっと愛読しておりますから、稲垣さんを、いまだに、白い、洗濯屋から返ってきたてのカラーをした、小学校の上級生だと思いたいんですよね」

「もう一つは、非常に個人的な理由ですけれども、僕はこれからの人生でなにか愚行を演ずるかもしれない。そして日本じゅうの人がばかにして、もの笑いの種にするかもしれない」「日本じゅうが笑った場合に、たった一人わかってくれる人が稲垣さんだという確信が、僕はあるんだ。僕のうぬぼれかもしれないけれども。なぜかというと、稲垣さんは男性の秘密を知っているただ一人の作家だと思うから」

澁澤龍彦は、こう返した。

「三島さんのほんとうの愚行に到達するまでの小さな愚行がいくつかある(笑)。その点については、稲垣さんかなり辛辣なことを、現におっしゃっていますけれどもね。ほんとうの愚行が出れば評価は逆転する」

三島由紀夫の「小さな愚行」をドナルド・キーンは「いたずら」と呼んだ。それは大映と契約して映画に主演したこと、その主題歌を自ら歌ったこと、またあえて青年たちにまじって祭りの神輿をかつぎ、ボディビルや剣道に熱中したこと、大真面目でUFO観測会に参加したことなどを指していた。

キーンにいわせれば、三島の「いたずら」とは、彼がかぶったいくつもの仮面に血を通わせるための真率な努力であった。

六四年二月から刊行開始した「日本の文学」は最初からよく売れ、八十カ月後の七〇年十月に最終巻を刊行して終った。一冊平均二十万部出たというから驚く。

七一年、「月報」を編集した単行本『対談 日本の文学』の刊行に寄せて、大岡昇平はこう回想している(「『対談 日本の文学』に寄せて」)。

「幾度か回を重ねた編集委員会は、必ずしも平穏ではなかった。むしろ荒れ模様の時の方が多かった」「「日本の文学」八十巻に誰と誰を入れるべきか、誰を一巻とすべきか、二人一巻とするにしても誰と誰とを組ませるべきか、について蜿々《えんえん》と議論を闘わせたのであった」

「喧嘩になった時の眼付とか、頬や額の色とか、同意に達した時の笑い声とかが、特に今は亡い同僚について、思い出される」

谷崎潤一郎が亡くなったのは刊行開始翌年の六五年七月、七十九歳であった。その翌月には高見順が五十八歳で、六九年には伊藤整が六十四歳で亡くなっている。三島由紀夫が亡くなったのは刊行終了後の七〇年十一月、四十五歳であった。澁澤龍彦との対談時には「愚行」といいつつすでに決意していた自裁を実行したのは、その六カ月半後であった。

七二年には川端康成も七十二歳で自殺した。大岡昇平は八八年、七十九歳で、もっとも長命だったドナルド・キーンは、二〇一九年、九十六歳で没した。

一九七〇年代前半まで、文学と歴史と哲学を教養書として成功裏に刊行した中央公論社だが、過剰な刊行ペースに編集者、校閲者、営業部員の負担は重く、やがて日本社会に走った「反体制的気分」の刺激もあって社内の空気はとげとげしくなり、最後のシリーズ「日本の名著」の完成は五年近くも遅れた。出版産業と教養主義が手を取り合って進んだ幸福な時代は去ったのである。

（中公文庫、二〇二三年六月）

II

向上心こそ力であった時代

——浮谷東次郎『俺様の宝石さ』

浮谷《うきや》東次郎《とうじろう》は一九四二年七月、千葉県市川市の旧家の長男として生まれ、一九六五年夏、二十三歳の誕生日を一カ月と一週間過ぎた日に、鈴鹿サーキットで自動車レーサーとして死んだ。練習中の不運な事故の結果だった。

東次郎は小学生の頃から、破格に自在な精神を持っていた父親の影響と指導のもとに二輪車や四輪車の運転を習い覚えていた。十四歳の法定年齢に達すると軽バイクの免許を取り、十五歳の夏、市川から大阪までを排気量五〇ccのクライドラー製オートバイで往復し、その体験をのちに『がむしゃら一五〇〇キロ』のタイトルのもとに私家版として刊行した。この本は早逝した東次郎の名声が高まるにつれて多くもとめられ、オートバイファンのみならず一般読者にも「ビルドゥングス・ノンフィクション」の古典として読みつがれている。

一九五八年、彼は両国高校に入学するが、卒業を数カ月後に控えた一九六〇年十月、単身横浜港からアメリカへ向かった。それから二年半あまりのアメリカ滞在における彷徨と精神的成熟への過程の記録が本書『俺様の宝石さ』である。

一九六三年六月、帰国した東次郎は半年足らずの、彼の生涯のなかではきわめてまれな内向的煩悶期を経て、おなじ年の十一月、トヨタ自動車のレーシング・ドライバーに売り込みをかけて成功し、二年間の短いがはなやかな話題に彩られたレース生活を送ることになる。

極度の近眼という悪条件にもかかわらず、東次郎は車体内外とも真っ黒に塗って「カラス」と愛称されたホンダS600とともに知名度を急速に高め、とりわけ先行する十五台とトップの生沢徹の車を抜き去って優勝した一九六五年七月十八日、第一回全日本自動車クラブ選手権船橋レースの走りは関係者の記憶に長く残った。このとき彼はレーサー・シューズが雨に濡れて感覚のかわることを恐れ、裸足で表彰台に登ったが、それは鮮やかな、そしてさわやかな印象をとどめ「裸足の東次郎」の伝説を揺るぎのないものにした。しかし、そのレースからわずか一カ月後、彼は人事のおよばない場所へ急ぎ足で立ち去ってしまったのである。

彼の生涯は未完成だった。一貫して向日的であり、はなやかでもあった。青年の心情を刺激するに足るエピソードに富んでいた。自動車レーサーという職業とその仕事への天稟、そして突然の悲劇的幕切れは彼を伝説のひとにするのに十分過ぎるほどの力があった。

本書は、悲劇のレーサー・浮谷東次郎の面影をもとめる読者にとってはいささかあてはずれかも知れない。この本は彼のアメリカ遊学時のメモと実家への手紙で構成されているが、そのなかでは東次郎は寡黙で孤独なレーサー志望者でもないし、悲劇の予感をふりまいてもいない。内省には富んでいるが、それが文学臭を帯びて感傷の迷路におちいらず、自己完成（彼の用語ではmature）への強烈な希求につらぬかれている。この自己形成への身じろぎこそ実は東次郎を東次郎たらしめた個性であり、東次郎を日本の青春の旗手のひとりにさせたもっとも大きな動機なのである。

夕やみ迫るロックフェラーのＲＣＡビルの前、高級な野外スケートリンクに一人のガニマタの下手くそな背の低い男が、腕をうんとまくり上げて、「ちくしょう、ロックフェラーなんか」と、たまらなくなる気持に押されて何度も何度も転びかけ、転び、また尻を出っぱらして立ち上がり、そこを出る時にはビッコをフラフラひかなくては歩けなくなるまで、休まず、うまく滑ろうと努力しながら、新しく、清いファイトを、勇を、ふるいたたせた僕を理解し、認めてもらいたい。
——マドンナの宝石ならず。俺様の宝石さ。

一九六一年二月、東次郎は姉への手紙で「お姉ちゃま」と呼びかけながらこのように書いた。本書のタイトルはこのパラグラフから採られているが、ここには彼のアメリカ観のすべてが、たくまずに表現されている。

東次郎が訪れたアメリカ合衆国はまだ若かった。奇しくも彼がサンフランシスコに向かう船中でケネディの勝利の放送を聞いたように、アメリカには最後の理想主義の時代が到来しようとしていた。キューバ危機は近づいていたが、熱帯の草いきれと泥のにおい、ベトナムの死臭はまだ嗅ぎわけられなかった。若い雄弁な大統領の教書が日本の高校生の副読本のテキストとして採用されたりもした。アメリカはあくまでも偉大で高級だった。

そして日本も若かった。成長が、あるいはアメリカと平和的に対等にわたりあうことが日本と日本人の究極の目標のように見えた。そのための武器は向上心であり自己教育への強い傾斜だった。

だが当時、実際にアメリカで「腕をまくり上げた」「ガニマタの」日本青年は少なかった。「新しく、清いファイトを、勇を、ふるいたたせた僕を理解」せよ、「認め」よ、と呼ぶことのできた青年はさらに少なかった。彼は在米三カ月あまりの経験でタイム社に売り込みの手紙を書いて職を得るほどに勇敢であり、同時に行動力を実証してみせたいという希求がはなはだしく強かった。それは経済的な意味での生きる手段というより、彼が自らに課したハードルであり、アメリカとわたりあいアメリカのなかで自己を失わずに成長するための必修課目だった。

タイムで働いていることに関して、いろいろ二人(両親)が心配してくれること、ほんとうにうれしいです。ただ一つ、スタンドプレー、スタンドプレーというけど、スタンドプレーのどこが悪いのかな。

私は六〇年代のひとつの価値観「非政治的明るさ」を象徴した加山雄三の映画「若大将」シリーズを思い出す。若大将はいつも言語喪失的な微笑を浮かべながら、決して望んでスタンドプレーを試みなかった。しかし状況は常に彼にスタンドプレーを強要し、若大将は無批評的に状況に従うことになった。

若大将には自己形成という概念が完全に欠落していた。一方、東次郎は狂おしいまでに自己形成を欲し、積極的行動のみがそれを裏づけると信じていた。

しかし、ひとよりも一歩先んじる行動は日本文化の尺度では否定的評価を得やすい。当時われわれは民主主義を「一人の十歩よりも十人の一歩だ」と日本風に翻訳していたのだ。それと対照的に東次郎はidentityを「(自分を自分たらしめる)個性」または「ひとといかにして違っていられるか」というふうに翻訳していた。

六〇年代はじめには、アメリカも疑わず日本をも疑わない青年が生きていた。そして彼のような人格を育てた包容力を持った父親と、意志疎通になんの障害もない家族が日本に存在したのである。

東次郎が帰国して五カ月後にJ・F・ケネディは暗殺され、アメリカは長い自己嫌悪の旅に出ることになる。日本は日本で神経過敏症の六〇年代末期をむかえ、やがて虚脱の七〇年代と虚栄の八〇年代に出あう。その過程で日本は、「家」からの自由を望むあまり家族そのものさえ失い、自己形成への意志を「時代遅れ」とあざわらい、若大将のイノセントな微笑よりも、田中邦衛が演じた、慶応とおぼしい学校の若大将の同級生「青大将」のたくまれたユーモアと物質的裏づけの方が幅をきかせるようになる。

現代を同時代人として東次郎に生きて欲しかったと本書を読みながら強く思った。

同時に、彼にアジア各地での経験を積んでもらいたかったとも。彼なら混迷をきわめつつある日本人の identity を再発見してくれたかも知れない。

私は、彼を伝説のレーサーとしてよりも、すぐれた常識人たる資質を持った得がたい日本人として惜しむ。われわれに不足している大いなる常識を彼なら満たしてくれたのではないだろうかと考え、そのまれな才能の消滅を、われわれ自身のために心から惜しむのである。

（ちくま文庫、一九八五年十二月）

文学に「退屈」する作家

——伊丹十三『ヨーロッパ退屈日記』

『ヨーロッパ退屈日記』は、一九六五年の高校生にとって一大衝撃だった。ジャギュア(ジャガー)という呼び方、アーティショー(アーティチョーク)という不思議な野菜、マルティニ(マティーニ)という夏のかおりのするカクテル。洗髪はその頃石鹼からシャンプーにかえたもののリンスはいまだ知らず、グレープフルーツはグレープの親玉のようなくだものだろうと想像するのみで、フランスにはレストランの辛辣な批評を兼ねたミケリンという自動車旅行ガイドブックがあるとイアン・フレミングの小説で覚えたばかり、一ポンド一〇〇八円時代を生きていた私には、まさに驚きの連続だった。

「やっぱり手袋はペッカリがいいでしょう」「眼鏡はツァイス」「ネクタイは、たとえばジャック・ファトといきたいのです。いや、いつかやるよ、わたくしは」

だが、こんなくだりとなると理解を超えた。いまでも理解を超えている。かえりみればうかつな人生であった。

キザだな、とは思ったが、イヤ味は感じなかった。キザもキザ、大キザの高い綱渡りをして、揺れながらも落下しない。これは芸だ、と感じ入った。さらに、全編にたたえられた、いわば切ない明るさの印象が、田舎の高校生の反感をみごとにおさえこんだのでもあった。

『ヨーロッパ退屈日記』という魅力的かつ挑戦的な書名の本は、一九六五年三月、ポケット文春という新書判叢書の一冊として刊行された。伊丹十三はこのとき満三十一歳だった。タイトルは初出誌の編集者山口瞳が命名した。表紙の下端に、「この本を読んでニヤッと笑ったら，あなたは本格派で，しかもちょっと変なヒトです」という惹句《じゃっく》が見える。読点「、」がカンマ「，」なのが目をひく。この惹句も山口瞳の手になるのだろう。

著者名が伊丹一三となっている。この本の刊行後しばらくして十三と改めた。本人は「－(マイナス)を＋(プラス)にしただけだ」といった。

本文中のカットも表紙カバーの絵も伊丹十三自身がかいた。多才なのである。

表紙カバーにかかれたのはつぎのようなものたちだ。

「ブリッグの蝙蝠傘《こうもりがさ》、ハリーのくれたスフィンクス(置時計の一部分)、ダンヒルのオイル・ライター、マジョルカで買ったピストル、ドッグ・シューズ、運転用手袋、ペタンクの球」

伊丹十三は言葉と文字を気にする人だった。表紙カバーはカヴァである。タキシードはタクシードでなければならず、ヴェニスのハリーズ・バーをベニスのハリーズ・バーと書くことを「愧《は》」じ、コーモリ傘は蝙蝠傘でなければ「赦《ゆる》」さなかった。赤いのアカを、赤い、朱い、紅い、赫い、丹い、緋いと使いわけないと気分が「瀞《しず》」んだ。といって無闇に正体字や難読字にこだわるのではなく、そのもちいる方法は一貫していて、読者をケムに巻くというふうではなかった。要するに潔癖なのであろう。

スパゲッティについての彼の講釈は、四十年を経たいまでも、私の脳裡にはっきり刻まれている。おそらく他の多くの同時代的読者もそうであろう。

一九六〇年代当時、日本には喫茶店が無数にあり、そこでは軽食も出した。その定番がスパゲッティ、なかんずくケチャップをからめてハムの細片などの具を散らせた「ナポリタン」だった。それを伊丹十三は、スパゲッティではない、といった。得体不明、理解不能のしろもの、あえていえば「いためうどん」にすぎない、といった。

ああ、たしかにそのとおりだと私は思った。いまも思う。思いながらも、あの「いためうどん」こそスパゲッティの六〇年代的「翻訳」だったと、なつかしむ。

問題は、スパゲッティの食べ方、巻きとり方であった。

伊丹十三は書いた。

フォークでスパゲッティの一部分を押しのけて、皿の一隅に、タバコの箱くらいの小さなスペースを作り、これをスパゲッティを巻く専用の場所に指定する。

「指定する」という言葉あしらいが高校生の私にはニクかった。

さて、ここが大事なところよ、次に、フォークの先を軽く皿に押しつけて、そのまま時計廻りの方へ静かに巻いてゆく、のです。

そして、フォークの四本の先は、スパゲッティを巻き取るあいだじゅう、決、し、て、皿、か、ら、離、し、て、は、い、け、な、い。

なるほど、なるほど。これが人に技能を伝達する技能に満ちた文体というものか。

だが当時の「ナポリタン」は異常に盛りがよかった。異常に皿が小さかった。おまけにゆですぎのせいでスパゲッティがぶつぶつ切れたから、伊丹十三の教えるようにするのは至難だった。律儀にチャレンジしている青年をたまさか見かけると私は、ここにも『ヨーロッパ退屈日記』に衝撃を受けた青年がいると、「ニヤッと笑った」のである。それは「共感のニヤッ」であった。

いま、皿が大きくなり、「アル・デンテ」なゆで方が普及しても、私はあまり伊丹十三の指示にはしたがわない。面倒で時間がかかるからというのがせっかちの言い訳だが、長じてさまざま経験を積み、その結果ヨーロッパ文化というものに距離をおいて接するようになったという事情も多少は関係しているのだろう。しかし、だからといってこの本の価値が減じたとはいささかも思われない。

伊丹十三は一九三三年、京都に生まれた。父は映画監督・脚本家・文筆家として知られた伊丹万作である。伊丹万作は「芸名」で、本名は池内義豊。伊丹十三も当然池内姓で戸籍名は義弘《よしひろ》(通称名岳彦《たけひこ》)である。外国人の俳優仲間、たとえばピーター・オトゥールには「タケ」とか「タケちゃん」と呼ばれていた。なかなか複雑なアイデンティフィケーションといわざるを得ない。

元の芸名伊丹一三は、一九六〇年、大映に俳優として入社するときワンマン社長永田雅一《まさいち》がつけたといわれる。が、息子のひとりには万作と命名している。伊丹十三にとっていかに父の存在が大きかったかを暗示する。

京都師範附属小学校四年生だった戦争末期の四四年、軍命で他の優秀な子供たちといっしょに英才教育を受けた。英米と戦った日本は英語を「敵性語」として遠ざけるという奇怪な方針をとったが、ここだけは別で英語に重点を置いた。そういう教育を受けたうえに、伊丹十三には外国語の才能があった。後年、ハリウッド映画の仕事をする基礎はこの時期につくられた。

大映での主演は一本だけ、いくつか脇役として出演したあと、二年足らずで退社した。その後渡欧して、本文中にあるごとくリスクに満ちたカメラテストを受けた。ここで英語力がものをいった。

六三年に『北京の55日』、六五年に『ロード・ジム』に出演した。大スターたちとの共演であったが、残念ながら映画史に残るような作品とはならなかった。その意味で、出演が決定していたアンドレ・マルロー原作、フレッド・ジンネマン監督『人間の条件』の企画流産が惜しまれる。『ヨーロッパ退屈日記』はこの国際俳優時代に書かれた。

伊丹十三は一九四六年、京都一中に入学、のちに三中に移った。京都三中は新学制の山城高校だが移行措置下で、その併設中学の生徒となった。長年病臥していた伊丹万作は四六年に亡くなっている。

五〇年、父の故郷であった松山へ行き、松山東高校に入学した。妹はすでに四五年に松山の伯父の養女となっている。戦後の池内一家の苦労がしのばれる。新制山城高校一年生のときに一年休学しているから、松山東高での二度目の一年生のときには同級生より年長だった。

松山東高では文芸部で活動、大江健三郎と親しく交わった。二年生になると欠席日数が増し、その年、五一年秋頃から休学扱いになった。翌年松山南高に転校、五四年春に卒業したときは満二十歳だった。その後は俳優に転ずるまで、商業デザイナー兼グラフィック・デザイナーとして暮らしを立てた。

本人は「島流し」というが、この松山時代が伊丹十三を伊丹十三たらしめたと私は考えている。

ゲイリー・クーパー、ジェイムズ・スチュワート、ハンフリー・ボガート、スペンサー・トレーシー、マーロン・ブランド(以下さらに七人の高名な役者の名がつづく)、と並べたあと伊丹十三は、リストの最後には自分の名前がくるのだ、と書いたことがある。

一体これは何のリストか？　眉と眉の間に縦皺を寄せている俳優のリストなのである。（……）なにも寄せようと思って寄せてるわけではない。私が人と成って、ふと気付いた時には、私の顔は、すでに眉根にくっきりと二本の皺を刻んでいたのである。（『再び女たちよ！』）

ポケット文春版『ヨーロッパ退屈日記』のカバー裏にあるくわえタバコの顔写真でも、彼はたしかに二本の縦皺を寄せている。

「病的である、ということが、芸術家の重要な資質である」と伊丹十三少年は当時信じていた。しかし本人は残念ながら健康であった。「格別の悩みもない」ということの埋め合わせ行為として眉間に皺を寄せるべく無意識のうちにつとめたのだろう。それは他の多くの病的ではない少年、しかるにそのことによって逆に不安に陥るタイプの少年には共有されがちの感情かと思う。

松山時代、彼は多くの友を得た。音楽の魅力を知った。のちにバイオリンやギターを弾けるようになったのは、この時期の賜物である。

しかし松山での最大の収穫は「退屈」だろう。「退屈さ」をひりひりと味わいつくしたことだろう。

夏の盛りには、時間はほとんど停止してしまう。たぶん一年の真中まで漕ぎ出してしまって、もう行くことも帰ることもできないのだろう、とわたくしは思っていた。あとで発見したのであるが、人生にも夏のような時期があるものです。

伊丹十三はその著書のなかで、しきりに自分は無内容である、中身のない器にすぎないと強調している。たんなる自虐のポーズとはうけとれない真剣なふしがある。

(わたくしは)どちらかといえば無内容な人間である。そうして明らかに視覚型の人間である。(『ヨーロッパ退屈日記』)

私自身は——ほとんどまったく無内容な、空っぽの容《い》れ物にすぎない。(『女たちよ!』)

私は「クワセモノ」ではないだろうか。若い時から心の中に立ち籠《こ》めていた、このもやもやとした疑惑が、今や凝ってひとつの固い黒光りのする確信となって私の心の中に残ったね。(『再び女たちよ!』)

ときどき伊丹十三は苦く自己省察する。そしてそのたびに眉間の皺は深くなり、同時に、その文章表現における倦怠感の味わいは増し、身にまとった無常感はより澄明となる。

むしろこういおう。伊丹十三は「偉大な器」であった。彼はその生涯をつうじて、デザイナーであり、俳優であり、作家であり、CFタレントであり、テレビ番組制作者であり、雑誌編集者であり、映画監督であった。そして、そのどのジャンルにおいても一流であった。同時に、どのジャンルにおいてもやがて「退屈」せずにはすまされぬ、やや不幸な天才であった。

『ヨーロッパ退屈日記』は、その「退屈」に至る道程を、退屈ならざる巧みさで表現した傑作であった。才能が必然たらしめた退屈の原点は、この本にみごとに映し出されているように、松山における十七歳の一年間であった。輝ける退屈の一九五一年であった。彼は生涯を十七歳のまま生きたのだともいえる。

この本は、一個の「文芸的ナイーヴティ」が、自慢話と雑知識にまぶして行なった自己表白である。戦後青年を挑発しつつ勇気づけた、すぐれた青春文学である。『ヨーロッパ退屈日記』こそ伊丹十三の代表作だといったなら、彼はまた眉間をことさらに迫らせるのであろうか。

（新潮文庫、二〇〇五年三月）

昭和四十二年の「違和感」

——旧制高校的文化考

——竹内洋『学歴貴族の栄光と挫折』

平成二十二(二〇一〇)年十月十一日、最後の日本寮歌祭が行われた。昭和三十六(一九六一)年に始まり、この年五十回目を迎えた寮歌祭には旧制高校OB九百名が集ったが、もはや高齢化は争われず、この年を最後としたのである。

大正七(一九一八)年生、旧制静岡高校出身(昭和十三年卒)の中曽根康弘は、「最後の日本寮歌祭に思ふ」と題して「文藝春秋」(平成二十三年一月号)巻頭随筆を書いた。それは旧制高校賛歌であり、挽歌であった。

寒空に裸でストームに燃えた日々や、夜を徹して話し込んだ時間、あらゆる時間が己の殻を破り、自分をさらけ出し心の柱が鍛えられた……だから寮歌を歌えば自《おの》づと当時に戻り純粋で熱した自分に還るのだ。(……)戦前の教育にはエリートを育む制度があった。我々は皆、夫々《それぞれ》の分野で活躍し、国の為に有益な人物になって国を率いていくという志を持ち、その自覚と責任から自分自身を培《つちか》った学生時代であった。（……）人は消えていっても、旧制高校の精神と日本を支えた若者たちの足跡は永遠に語り継がれるだろう。

竹内洋『学歴貴族の栄光と挫折』の親本は、一九九九年四月、「日本の近代」シリーズ、その第十二巻として刊行された。日本近代を旧制高校という断面で切り取る試みは新鮮だった。新鮮という形容では足りない。衝撃であった。のみならず、その歴史記述は実証的かつ周到で、一読、すぐに再読をいざなう力量を持っていた。

その表紙カバーに使われたのは、尾崎紅葉『金色夜叉』の挿画、真冬の熱海の海岸の場であった。成金の息子・富山唯継《とみやまただつぐ》の三百円の「ダイヤモンドに目がくれて」裏切ったヒロイン鴫沢宮《しぎさわみや》を、白線学帽の第一高等学校生徒間貫一《はざまかんいち》が蹴り倒した瞬間である。

明治「国民国家」成立の諸条件は、国境の確定、国民軍の創設、共通初等教育の普及などであったが、それにつづくものとして、外国人によらず自国民が行う高等教育によるパワー・エリートの育成は欠かすことができなかった。「試験における平等」をつらぬきながら、政府が明治十年代末以来順次定着させた高等学校こそ、その基幹であった。

夏目漱石『三四郎』の主人公・小川三四郎は、明治四十(一九〇七)年春に熊本の五高を卒業、東京帝国大学文科大学入学のため、その年の夏の終わりに九州から上京する。

東京へ向かう車中そのものが、すでに「稲妻」のような世間であった。三四郎はそこで人妻に誘惑され、得体の知れない知性的な中年男(広田先生)と出会う。大学とその周辺で日を暮らすうち、三四郎には「三つの世界が出来」た。

第一の世界は「遠くにある」。そこは「明治十五年以前の香がする。凡《すべ》てが平穏である代りに凡てが寝坊気《ねぼけ》ている」。田舎の母や「三輪田の御光《おみつ》さん」が住む世界だ。「明治十五年以前」とは江戸文明の残光を浴びて、のんびりとした秩序が支配する時代のことである。

第二は「苔の生えた煉瓦造り」の図書館と学問の世界である。

そこでは、人は「大抵《たいてい》不精な髭を生やしている。あるものは空を見て歩いている。あるものは俯向《うつむ》いて歩いている。服装《なり》は必ず穢《きた》ない。生計《くらし》はきっと貧乏である」。

第三の世界は「燦《さん》として春の如く盪《うご》いている」。

つまり西欧的教養と、それが保証するモダニズムの世界である。

「電燈がある。銀匙がある。歓声がある。笑語《しょうご》がある。泡立つ三鞭《シャンパン》の盃がある。そうして凡ての上の冠として美しい女性《にょしょう》がある」

この第三の世界は、学問すなわち第二の世界とは間接の関係しか持たない。高等学校と、高等学校が進学保証をした帝国大学とは直接の関係がある。

明治十八年生まれの三四郎は、いずれ自分が第三の世界に入るだろうと考えている。懐かしい第一の世界とは自然に疎遠になる。第二の世界は自分には不向きだ。

日本近代のうちの六十年あまりエリートの条件たりつづけた旧制高校は、今次大戦後に消滅する。昭和二十三(一九四八)年に最後の入学者を迎え、昭和二十五年春に最後の卒業者を出して廃校となった。

日本寮歌祭が活発化したのは、その十七年後、昭和四十二年である。第七回のこの年、すべての旧制高校OBが参加した寮歌祭は、テレビ中継された。私は新潟の高校(新制)三年生で、この番組を偶然見た。そして強烈な「違和感」を味わった。

よい年をしたオトナ、初老の男たちが肩を組んで寮歌を歌う。歌うというより、がなる。弊衣破帽に高下駄、はなはだしきは、わざとよれよれの羽織袴姿だ。ははァ、これは「友情」と「青春」をテーマにした演劇なのだな、と思った。

それにしても、表現された「友情」と「青春」の、なんと暑苦しいことだろう。寮歌祭と旧制高校復活運動の中心人物・安川第五郎(明治四十二年一高卒)が時の首相佐藤栄作(大正十年五高卒)に面会したのは、昭和四十五(一九七〇)年であった。安川が六年制中学や六年制大学を提案したのは、学園紛争を憂慮し、このような事態は旧制の全人的教育のもとでは起こり得ないと考えたからであった。

懐旧談に花が咲いた。しかし佐藤栄作は旧制高校復活に対しては冷淡で、「一寸《ちょっと》古い感じ」とその日の日記に書いた。平成二十二年の中曽根康弘より、よほど冷静であった。

やはり昭和四十年代はじめ、私は父親の本棚から題名につられて『三太郎の日記』を抜き出し、ぱらぱらと眺めたことがある。だが期待していたユーモアなどかけらもない。その衒学ぶりをむしろ痛々しく思った。

当時はそれが、大正と昭和戦前における旧制高校的教養を象徴する本だとは知らなかったのだが、ここにはなんの生産性もないと断じた。

戦後世代は旧制高校の知識を持たず、それが重要とも思わなかったのは、戦前を否定したい、というより、なかったことにしたい昭和三十年代、四十年代的日本社会の空気を呼吸したせいだろう。しかるに、いまにして思えばだが、元旧制中学であった新制高校一部生徒のわざとらしい不潔さ、上級生の下級生に対する「マウンティング」は、見も知らぬ旧制高校生から引き継がれた習俗であった。

旧制高校生が出てくる戦後映画がまれなのは、映画産業従事者と旧制高校文化の相性がよくなかったためだと思われるが、昭和二十四年の『青い山脈』(監督・今井正)には弘前高校生をモデルとする旧制高校生が出てくる。扮したのは池部良である。

立教大学を出て召集され、甲種幹部候補生から陸軍少尉となって、南洋で九死に一生を得て帰還した彼は、このとき三十一歳であった。ヒロイン(杉葉子)が高等女学校五年生という設定なのは、石坂洋次郎の原作小説が、旧制最末期の昭和二十二年に朝日新聞に連載されたからである。

「開放的な男女交際こそ戦後民主主義の起点」という主題の物語のクライマックスは、女学生の男女交際の是非をめぐって開かれた高等女学校の保護者会議である。会議に保護者代理という口実を設けてもぐりこんだ池部良の友人の旧制高校生(伊豆肇《はじめ》、戦前の北京大出)は、訥弁だ。しかし、ここぞというときには立ち上がって、「ゲーテ曰《いわ》く、誤りは表面にはびこり、真理は深く隠されてあり」などと西洋の箴言をつぶやいて参席者をケムにまく。それは旧制高校の「教養」のありかたを、はしなくも表したシーンであった。

高度経済成長最盛期の昭和四十一年、ビートルズが日本武道館で公演した三カ月後の九月、サルトルがボーヴォワールをともなって来日し「知識人論」の講演を行った。それはおそらく、「知識人」という言葉が輝きを持った最後の季節であった。

当時、多少気がきいたつもりの高校生は、サルトルの『嘔吐』と丸山眞男の『日本の思想』くらいは読んでいた。それらはたしかにおもしろかった。だが、「知識人論」がぴんとこなかったのは、やはり時代だろう。

かつて大正末年、子どもに「赤い鳥」を毎号買い与えていた会社員は、旧制エリートコースを歩んだ末になるものであった。それがいつしか「気楽な稼業」といわれるようになり、さらには「営業」プロレタリアの言い換えとなりつつあった。どこに「知識」のメリットがあり、「知識人」に何の役割があるのか、すでにわからなくなっていた。

竹内洋が作中に引用した黒井千次『時間』も、昭和四十年代初頭を小説の時制とした作品である。黒井千次は旧制ではない。昭和三十年に東大経済を卒業した。小説ではその同期生が、当時の教授を招いて一夕、宴を張る。

宴たけなわ、元学生たちは立ち上がって腕を組み、労働歌を歌う。マルクス経済学の教授は、挨拶はできぬといい、かわりに『金色夜叉』の歌を歌う。

「――ぼくが学校終るまで何故に宮さん待たなんだ……ダイヤモンドに目がくれて……」「ここを歌ってほしいんだ。……ダイヤモンドに目がくれて」――

竹内洋は書いた。

教授の信奉するマルクス経済学ではこうなるはずである。資本主義経済体制においては、資本蓄積の過程で労働者階級は、ますます隷属化し貧困化する。しかし、戦後日本をはじめ先進資本主義国でおこったことは……（正反対の）大衆的富裕化である。

西欧型教養の完成形としてのマルクス主義を学んだ教授は、その困惑を『金色夜叉』の歌の一節にこめたのである。

しかし、鴫沢宮の裏切りを契機に高利貸しとなった間貫一が、鉄道・海運・炭鉱なていた。一介の「アイス」(こおり＝高利貸し)に終始していては仕方がない。第一高等中学校(一高)から進んだ東京大学文科大学を中退して専業作家となった尾崎紅葉は、アメリカの通俗小説を翻案して『金色夜叉』を書いたのだが、明治三十年代の日本経済のリアリティーはつかまえきれなかった。

司馬遼太郎、山田風太郎、藤沢周平らが日本文学の第一線に登場したのも昭和四十年代である。それはすなわち文学と文学市場の転換期であった。彼らは旧制高校出身者ではなかった。司馬遼太郎は大阪外語、山田風太郎は東京医専、藤沢周平は山形師範、みな実学系学校を卒業していた。

司馬遼太郎は弘前高校を受験し、山田風太郎は松本高校を受けたが、いずれも失敗した。司馬遼太郎は数学がまったくできず、山田風太郎は、豊岡中学での「教練未習」がたたった。鶴岡中学夜間部の生徒であった藤沢周平は、終戦となってまだ人生はつづくのだと実感するまで、高校はおろか進学そのものを考えたことがなかった。

それ以前の時代に大衆的小説の巨匠といわれた長谷川伸、吉川英治、山本周五郎、松本清張らは小学校卒または中退であった。彼らは総じて学歴的劣等感を抱きつづけたが、むしろそれを上昇志向の強烈な動機とした。

「新潮日本文学アルバム」を見ると明白だが、たたき上げた印象の作家には青年期の写真が少ない。学校友達の写真はほとんどない。そんな彼らに、「友情」という観念が稀薄で、その演劇的発露への傾斜が見られないのは自然なことである。

一方、大正中期以降、戦争をはさんで昭和三十年代まで、日本の文学シーンをリードしたのは、旧制高校「文芸部」出身の作家たちであった。彼らは同人雑誌をつくり、作品を読みあいつつ、「友情」を結んだ。「友情」のあかしに記念写真を撮り、自分のポートレートを友に送ることさえ流行した。

東京の飾り職人の息子であった堀辰雄は、下町の名門校府立三中から一高、東京帝大へ進んだ。やがて四高出身の中野重治ら、肌あいの違う文学仲間とも親しんで、同人誌「驢馬《ろば》」に参加した。中学からの先輩で、十二歳年長の芥川龍之介に兄事し、その過程で軽井沢を愛した。

昭和八年夏、二十八歳の堀辰雄は軽井沢でひとりの「少女」と恋愛して『美しい村』を書いた。翌年、その人矢野綾子と婚約したが、肺結核を病んだ彼女に付き添って、昭和十年富士見高原のサナトリウムに入った。婚約者はその年の冬に死んだ。その記憶と後日譚を、昭和十一年から十二年にかけて『風立ちぬ』と題した小説に書いた。

『美しい村』の道具立ては特徴的である。それらは、白樺林、高原の教会、山荘のバルコン、孤独な「チェッコスロヴァキア公使館」の誰かがピアノで弾く「バッハのト短調の遁走曲《フウグ》」などだが、黄ばんだ英字新聞のゴミさえ美しいと認識される避暑地の世界に登場しないのは、現地の農民と都会の大衆であった。

小川三四郎が想定した「第三の世界」が大衆の参入によって特権的なものではなくなったとき、また旧制高校的教養に基づく生活センスが危機に瀕したと感得されたとき、堀辰雄は、かつて自分もそのひとりであった大衆への強烈な嫌悪を、高原の避暑地を舞台としたフランス小説の翻案のような作品で、存分に表出したのである。

大学生の不勉強ぶりが話題になったのも昭和四十年代であった。一方、学生たちは大学の「マスプロ」教育に非を鳴らし、学園紛争の波はたちまち全国に広がった。だが、大学生の不勉強は、エリートがオトナになるためのモラトリアムとみなされた旧制高校を、高度成長下の大学と大学生が無意識のうちに真似た結果であった。それは日本近代独特の伝統なのである。だが、大学進学率が十五パーセントを超過した大衆化社会では、もはやそれは怠惰の言い換えにすぎなかった。

学生運動が、旧制高校的なるものへの憧憬と旧制高校的なるもののパロディの混合であったという竹内洋の指摘は、まことに的を射たものだと思う。また、その不満が「マスプロ」教育の担い手として、十年一日のごとく古いノートを読み続け、西欧学問の祖述しかできない教員に向けられたのも無理ないことであった。しかし、学生が「所詮サラリーマンにしかなれぬ」大衆と化したのであれば、教員もおなじように、とうに「大学教授大衆」になりかわっていたのである。

『学歴貴族の栄光と挫折』は「学歴エリート」という断面で近代日本史を分析した出色の一書である。のみならず、「知識人」というステイタス、その成立、全盛、落日を過不足なく記述して、もはや古典の名に値する仕事というべきだろう。

（講談社学術文庫、二〇一一年二月）

歴史を記述する方法と技倆

――徳岡孝夫『五衰の人――三島由紀夫私記』

一九七〇年十一月二十五日、三島由紀夫が自刃する一時間前、檄文全文と写真、それに添えられた「何卒うまく隠匿された上」「檄は何卒、何卒、ノー・カットで御発表いただきたく」という手紙を受けとった徳岡孝夫は、生前の三島由紀夫に都合六度会っていた。

最初は一九六七年五月末である。四十六日間という異例の長さの自衛隊体験入隊から「帰郷」した三島由紀夫にインタビューしたのだが、それは週刊誌記事としては破格の、八ページにもわたる記事となって掲載された。このとき三島由紀夫は四十二歳、「サンデー毎日」編集部にいた徳岡孝夫は三十七歳だった。

二度目はバンコクである。三島由紀夫は前年のノーベル文学賞の「受賞予定談話」にこりて、この年は発表時期に、あえて日本を不在にする意図をもって九月末からインド旅行に出掛け、十月十五日頃バンコクに寄った。一方徳岡孝夫はこの年の七月、中国の文革の波がおよびそうになった香港に取材に行き、出張先でバンコク駐在の辞令をもらっていた。

三島由紀夫を滞在中のホテルに訪ね、以来一週間近く、途中三島のラオス行をはさんで、毎日のように会った徳岡孝夫は、無聊をかこつ三島由紀夫と清談を重ねためずらしい人となった。というのは、三島由紀夫はつねづね自分ほどきびしい日課を守っている者はいないと自負し、実際その日常は、軍隊よりも「もっと分断され、もっと複雑にオーガナイズされて」いたからである。三島由紀夫が日本に帰ったのは六七年十月二十三日だった。

三回目はその二年あまりのち、徳岡孝夫が崩壊する南ベトナムから脱出して二カ月後の七〇年六月二十八日である。「サンデー毎日」の若い編集者が三島由紀夫に「士道について」というインタビューを申し込むと、徳岡孝夫が帰国していることを知った三島が彼の同行を強く希望したのである。

このとき、本文中にある「やぁ徳岡さん。あなたとはいつも太陽の下で会う！」という三島の印象的なセリフが発せられるのだが、すでに死を決意し、それに向かって進んでいたはずの三島由紀夫に、徳岡孝夫は死の影を毫も感じなかった。最初の訪問時に『五衰の人』の著者は、その有名なビクトリア朝風コロニアル様式の家、庭にアポロンの像のおかれた三島邸の玄関にあった赤い三輪車を見、その映像が脳裡深く刻みこまれていたからである。「息子に三輪車を買ってやる父親が、自殺するだろうか」

その年の八月下旬、毎日新聞社一階の喫茶店で会ったのが四度目、三島はやはり快活だった。五度目は九月下旬、つまりその死のだいたい二カ月前、呼び出されて銀座の料理屋で三島の弟平岡千之とともに会い、三島としては異例のことだが、遅くまで飲んだ。この日の三島は、心中に深い屈託を抱えたようすだった。

そして六度目が一九七〇年十一月二十五日である。この日徳岡孝夫は三島由紀夫と会話をかわさなかった。八メートルの高さをへだてて三島由紀夫を見、彼の最後の発言をメモにとったのである。

以来、三島由紀夫論は文字通り「汗牛充棟」である。「自分が追加すべきものはなにもない」と感じた徳岡孝夫は、三島について書けという編集者の誘いに当初消極的だった。それは一九八〇年代前半のことである。

「自分が追加すべきものはなにもない」という感慨には、その言葉通りの意味のほかに、三島の死への文学的な、また精神医学的な解釈や憶測が氾濫したことへの強い懐疑と批評とがこめられていた。どちらも後知恵とこじつけのにおいが感じられた。

それらの多くは、彼が知る三島の考えと行動とを何も説明していないように思えた。だいたい事実を精密に調べてさえいないではないか。

徳岡孝夫は自分を、劇場の「三階席の観客」、野球場の「外野席」のファンだ、と再三いっている。それは、自分は「文壇の人」ではないという立場の表明であった。また、文学論、文学的解釈と称して閑文字を連ねないという意思表示であった。彼は事実を軽んじるものを嫌った。そしてそれは、安全保障を外国に頼り、円の固定相場制で手厚く保護されながら世界の現実に突き当たることもせず、それでいて、これ以上安全なものはない「平和な時の平和論」を叫びつつ「茶の間の正義」の作文をつづる文化人と戦後日本そのものへの軽視や嫌悪と同根であった。

徳岡孝夫は三島由紀夫より五歳の年少、一九三〇(昭和五)年に大阪に生まれ、阪神間・西宮北口に育った。そこは日本でもっとも開放的でモダンな「郊外」であり、彼もまた幼稚園を休んで上海の叔父の家へ遊びに行くような環境の中にあった。母は早くに亡くし、父は船場で繊維を扱う商人だった。

北野中学に進み、終戦を迎えたのは中学四年の年である。学帽に六稜の記章をつけたまま勤労動員となり、西大阪の鉄道用品庫で働いていた。そこで鉄道局長・佐藤栄作の訓辞を聞いた。

終戦の一年か二年前のことだった。彼はひとりで風呂に入っていた。そのとき浮かんだ感慨を、彼は五十余年のちにもはっきり記憶している。

「湯殿には明るい夕陽がさし、私は浴槽から半身を出して二の腕の若々しい皮膚の上にはじかれて散る湯の玉を見ていた。見ながら、あと二年か三年か、この肉体は遠からず南海北溟《ほくめい》のどこかで腐るのだなと考えた」(『「戦争屋」の見た平和日本』)

ことさらに命を軽んじようとしたのではなかった。それが戦中の「常識」だった。終戦になり、命を永らえることが決まったとき、当時二十歳だった三島由紀夫ほどではないにしろ、「戦後を生きる」気構えなどなにほどもなかった自分に気づいて狼狽した徳岡孝夫は、たしかに「昭和の子」であり、また一個の戦中派であった。

三高に入って旧制高校最後に近い卒業生となり、京大に進んだ。毎日新聞に入社し、一九五二年、まだ卒業前なのに卒論だけを残して高松支局に配属されたのは、夕刊発行で人手不足になったからである。そうして、地味な存在の地方支局が、彼の「学校」となった。

何かの事件を自転車で取材に行った。そして書いた記事の最後に「警察は鋭意捜査中」と書いたんですね。そのころの決まり文句です。そしたらデスクが、「おい、どれくらい鋭意に捜査してるんだ」と聞いたんです。「どれほど鋭意にと言ったって、そりゃあデスク、一生懸命やってます」と答えたら、「どれほど一生懸命やってるんだ」と畳みかけてくる。「いや、それはちょっと……」「そうか」ってやりとりがあって、デスクはその部分を削ったんです。(『覚悟すること』)

彼はそれ以来、新聞記者に独特のクリシェ(決まり文句)を使うことはなかった。思想の流行に流されることなく「王様は裸だ」と見とおして、事実の報告に徹しようとする姿勢は、こんなふうに鍛えられた。

しかし「三階席の観客」と自称していても、それは徳岡孝夫が文学を愛好しないことを意味しないのである。たんに「文学的解釈」への逃避と、新聞記事における「文学的作文」を強く退けるだけで、彼自身の文学の知識は並みなみならない。

『五衰の人』の本文中にも、三島由紀夫の自信作『鏡子の家』(それはたしかに戦後という時代そのものを描こうと試みた野心作なのではあるが)を、「あ、これは漱石の『明暗』に似た駄作だ」と「おもわずペンを持つ作者の手を抑えて「それくらいにしておきなさいよ」と言いたくなる」という記述がある。「ぼくは自分をもうペトロニウスみたいなものだと思つてゐるんです」という生涯最後の対談中の三島の発言は、一般にはたんに「皇帝ネロの側近ペトロニウス」とのみ注釈されるのに対し、シェンキエビチ『クオ・ヴァディス』の登場人物、それも昭和三年刊新潮世界文学全集の木村毅訳文中のペトロニウスではないかとすぐに思いあたるのは、彼が文学を教養として育った人のあかしである。

客人達は、美しい彫像に似た二つの白い死骸を眺め乍ら、彼等が逝くと共に、彼等によつて僅にこの世界に存在を保つてゐた物——即ち詩と美とも亦《また》滅びた事を感じた。（新潮世界文学全集版『クオ・ヴァディス』）

一九六〇年から六一年にかけて徳岡孝夫は、フルブライトの試験にとおってシラキュース大の新聞学部大学院に留学した。そのとき彼がアメリカに持参したのは『方丈記・徒然草』の一冊だった。

帰国して大阪本社社会部に戻ったが、三十なかばではじめて箱根を越えて東京に移り、「サンデー毎日」編集部に移籍した。彼自身が望んだことだが、当時の新聞界にはおなじ社内でも週刊誌を見くだす空気があり（いまもある）、いわば「積極的に身を落とした」のだった。

それは、「えらそうなことはいわない」と自らを強く律する態度、ひるがえっていえば「えらそうな作文をする」記者を鋭く批評する精神のありかたを体現し、新聞記者時代から作家となった現在まで、彼の方法を脈々とつらぬいている。

そして六七年、バンコク赴任のとき荷物の中に加えたのは、日本古典文学大系のうち『和漢朗詠集』だった。

生ある者は必ず滅す　釈尊いまだ栴檀《せんだん》の煙を免かれたまはず
楽しみ尽きて哀しみ来る　天人もなほ五衰の日に逢へり

この有名な一句を巻中に擁した『和漢朗詠集』を、徳岡孝夫は退屈する三島由紀夫にバンコクで貸した。

三島由紀夫はその最後の作品、『豊饒の海』最終巻『天人五衰』を七〇年夏にはすでにほぼ書きあげていた。そんな八月上旬のある日、彼はH・S・ストークスに、最終巻の題名を『天人五衰』と決めたが、それはサイデンステッカーのアイディアによると語った。徳岡孝夫自身も、「つねに謡曲全集を座右に置いていた」くらいの三島だから「自分の貸した本を決して強調しようとは思わない」と書いている。

しかし、三島がバンコクの「太陽の下」でこのフレーズに行きあったとしたら、その印象はことさら鮮やかであっただろうことは想像にかたくない。わけても彼は強烈なインド体験を経たあとだったのである。

徳岡孝夫はその後も永くベトナム報道に従事した。

六八年一月末からのテト攻勢では、いまだ共産軍の手中にあった中部のユエまで北上したただひとりの日本人記者となった。ヘルメットを持たなかった彼は、それを戦死者の頭から拝借して現地に入ったのである。

ユエに近づくにつれ避難民の数は増した。彼らはみな「解放」から逃げてひたすら南下してくるのである。そして、小学生くらいの男の子が「ぼくの姉さんを買ってくれないか」と、ベトナムの学校の白い制服姿でうつむいてすわっている少女の方を指さすのである。それが「戦場の日常」であった。

帰国したのは一九七〇年初夏である。ベトナム取材は七五年四月のサイゴン最期の日までつづいたが、バンコク駐在はこのとき終った。ひさしぶりの日本は、信じられないほどの過消費ブームに沸いていた。同時に、公害は東京をおおいつくし、藤圭子の「圭子の夢は夜ひらく」という暗い歌が大流行していた。

いずれにしろ動乱の世界とはまったく別の、ぬるい平和がそこには満ちていた。当時『冠婚葬祭入門』という本がベストセラーになったのは、核家族化がほぼ極限に達して、社会的慣習や世智を教える者が身近にいなくなっていたからである。ニクソン・ショックはすでに翌年に迫って、高度成長も、「戦後」そのものも終りに近づいていたが、日本はあいかわらず壺中にあって「平和な造反」をたのしんでいた。

一九七〇年十一月二十五日の水曜日は、まさに「心ゆくまで晴れた日」だった。記録を見ると、気温は昼に十三度とあり、思いのほかの低さだが、無風であったし、日なたではことさら暖かく感じられた。

ちょうどその日二十一歳になった私は、四谷の上智大学のキャンパスにいた。サラリーマンの全盛時代であったが、自分はサラリーマンになる気はなく、またまるでなれそうもなく、ゆえに将来の展望などまったく見えず、芝居や映画に没入し逃避しながら日を消していた。若いということそれ自体は、何の可能性をも持っていないと実感せざるを得ない日々だった。

昼すぎ、三島由紀夫が何か事件を起こしたらしいという話が聞こえてきた。やがて、市ケ谷台で切腹したようだと具体的になり、私は夕刊を四ツ谷駅の売店に買いに行った。おなじ思いの人が多いらしく、新聞は届けられるそばから売り切れた。

たいていはバルコニーで演説する三島の写真を載せていたが、朝日新聞だけには、焦点は甘いが、たしかに床に置かれた人間の首とわかる写真があった。しかし、版がかわるとなぜか消えた。私は各紙の夕刊のすべての版を買ったのだった。

週刊誌が出ると、それはもっと売れた。「檄文」全文掲載の「サンデー毎日」はもちろん、他の週刊誌もはげしくもとめられた。駅の売店の平台上の週刊誌がすべてなくなり、売り子のおばさんの全身が見えた。印刷工のオッサンが出張校正室までインクの染みがついた原稿を手に上がってきて内容に文句をつけたと『五衰の人』にあるが、当時を回想する私には、その異例の事態が素直に腑に落ちる。それほど普通の日本人が三島の死の理由をもとめ、その死について説明を受けたがったのだった。三島の死は「謎」には違いないが、何らかのかたちで自分にも関係のある「謎」だと普通の日本人が感じていたのだった。

それに対していわゆる文化人は何も答えてくれなかった。無数に、といえるまで登場した彼らの多くが「狂気」だといい、「日本の右傾化が心配だ」といい、あるいは何やらわけのわからない「文学的」な説明に終始した。青島幸男は「オカマのヒステリー」といった。コント作家としての青島幸男に好意を持っていた私だが、このひと言には痛く失望し、いまに至るも彼への信頼は回復しない。日本人が「文化人の解説」に満足できた時代は、このとき終ったのである。

一九九九年春、私ははじめて東部方面総監室とそのバルコニーを目のあたりにした。本館には、そのほかに極東軍事裁判の法廷となった大講堂がある。それらが移築され、記念館となるにあたって一般公開されたのである。

総監室は思いのほか小さかった。横が七・五メートル、奥行が六メートルほどか。扉には総監を奪還しようと進入を試みた自衛隊幹部らに三島が切りつけた刀痕が残っている。それは三島の介錯に使用された、二尺三寸、後代兼元の作とされる関の孫六がつけたものだ。

その部屋の窓外が、三島由紀夫が演説したベランダである。三島は約二十分間、はっきりした大声で語ったが、総監を人質としたことに激昂した自衛隊員にはげしく野次られ、「静聴せい」「聞けい」という言葉を合計十七回も発しなければならなかった。そして演説を二十分で中断した彼は総監室に退き、十二時十三分頃屠腹したのである。

私はそのおなじ場所にたたずんで、二十九年前の美しく晴れた秋の日を思った。それから、すでに『五衰の人』を何度か読んでいた私はバルコニー越しの眼下に、三島由紀夫から託された手紙と写真とを靴下の中に隠し、演説要旨のメモをとる四十歳の徳岡孝夫の姿を見た。

八〇年代前半に徳岡孝夫に三島由紀夫について書けと慫慂《しょうよう》した編集者は執拗であった。最初の依頼から十年あまりの時間を経た一九九五年春、つまり事件からちょうど四半世紀後に『五衰の人』は着手された。三島事件が「文学」の手を脱して歴史の車にたぐりこまれるには、また、三島由紀夫の死こそ一八九〇年代以来八十年つづいた日本近代文学の終焉を告げた出来事であったと認識されるためには、それだけの時間が必要だったのだ。

「文學界」連載は九五年秋からであるが、それが決まったちょうどそのとき、徳岡孝夫は思いもかけぬ眼底出血に見舞われた。それ以前の脳腫瘍手術で大きく阻害されていた視力は、ますます弱まった。家人の朗読に頼る以外は「新しい資料は大半を捨て」「自分の記憶に頼って」書くことになり「本の性格は変更を余儀なくされ」た。しかし、そのことがこの本をさらに「文学論」から遠ざけ、むしろ対象との間に、親しみと礼節とが適切に維持されるほどの距離を生じさせることに寄与した。すなわち、「事実を報告する」という古典的正統的な新聞記者の精神が、再び光彩を帯びて立ち上がったのである。

徳岡孝夫は『五衰の人』で「面白い人」三島由紀夫との交情について文飾なく語っ

た。三島由紀夫の戦中派としての心象の出発点と変遷について、根拠ある忖度《そんたく》を書いた。その結果、意図したことではないにしろ、「昭和の看板を借りて店を張り、曲がりなりにも人生稼業を営んできた」「昭和の子」(『「戦争屋」の見た平和日本』)である自分と、その戦後観について語ることにもなった。

このカトリック作家は、一九九〇年、『横浜・山手の出来事』で、歴史記述と推理小説を融合させる大胆な試みをすでに成功させていたが、九六年、この『五衰の人』でも、おなじチャレンジングな精神と方法とをもって、評伝と自伝を融合結晶させて、冷静に感動的な作品を書きあげた。

『五衰の人』は、読者に、事件当時の年齢を問わず、歴史を共有できたと強く感じさせる作品である。近代文学を愛し、しかし近代文学に泥《なず》むことを自らに強くいましめ、さらに、「正義の人」に堕さぬために事実の記述を第一義としつつ、同時に「一概にはいえない」と現場でためらい懐疑する新聞記者の実情をも忘れないという著者の姿勢は、『五衰の人』をすぐれた歴史の記述としたのみならず、現代日本語表現者《オーサー》中第一級の完成された作家としての徳岡孝夫の姿を、私たちにあざやかに印象づけたのである。

(文春文庫、一九九九年十一月)

回想の山田風太郎

――山田風太郎『警視庁草紙』ほか

明治六年十月二十八日のまだ早い朝であった。西郷隆盛は本所小梅の隠れ家から立ち出でた。

前夜ふっていた雨はあがっているが、枯芦の中から霧が湧いて、あたりの風景を水村《すいそん》の水墨画のようにけぶらせている。

山田風太郎『警視庁草紙』序章「明治牡丹燈籠」の書き出しである。

その六日前、明治六(一八七三)年十月二十二日、征韓論は破れた。征韓論とは、韓国の日本新政府への差別感情から発した外交文書などでの非礼をとがめる使節をつかわすという、西郷隆盛が中心となって主張した政策で、西郷自身が漢城《ソウル》におもむくつもりだった。ただし兵も護衛もともなわず、烏帽子《えぼし》直垂《ひたたれ》の古式正装姿で韓国政府を強く難じ、激高した相手にその場で殺される覚悟であった。それをきっかけに日本は対韓国戦争に入り、宗主国清国との戦争をも覚悟するのである。

維新革命後、経済的基盤と武装集団としての矜持を失った全国士族の不満をなだめる、というより彼らに「死に場所」を与えるための策であった。その導きの水となって西郷は死ぬつもりであった。

岩倉使節団外遊中は重要な政策は決めないという誓約を破った西郷は、太政大臣三条実美に征韓を国策にせよ、と圧力をかけた。三条の悲痛な要請で使節団本隊よりひと足早く帰国した大久保利通、木戸孝允は征韓に反対だったが、貧弱極まりない軍備のままで対外戦争に臨もうとする「空気」に圧倒され、岩倉具視らの帰国を待った。岩倉帰国後の会議でも征韓論派が優勢だったが、三条が強烈なストレスから昏倒して会議中断、最後の最後に反征韓論派が勝った。

征韓論が破れたあと所在不明となった西郷だが、司法省警保寮大警視にして邏卒三千の長、川路利良はひそかに監視していた。新政府を見捨てて薩摩に帰国する四十五歳の西郷を、三十九歳の川路は押しとどめようとしてむなしいと知ったとき、にわかに声と表情を変え、「正之進も薩摩へおつれたもっし」「先生あっての川路でごわす。……」と泣訴した。正之進とは川路の幼名であった。

禁門の変から会津戦争までの戦闘に参加した川路だが、薩摩藩での身分が低かったためか維新革命後も日はあたらなかった。そんな川路を、明治四年、東京に呼び出して警保寮に場所を与えた恩人が西郷であった。

別れに際して西郷は川路に、警保寮は間もなく司法省から内務省管轄に移る、すなわち大久保縢下の組織となるが、その最初の総監として「大久保を助けよ」と告げた。西郷の小舟を見送って銅像のようにたたずむ川路利良は、「水のように静かな微笑」を浮かべながらいった。

「西郷先生がたしかに東京を離れなさった事《こつ》、大久保参議に報告申しあげんけりゃならん」

『警視庁草紙』第一回が載ったのは「オール讀物」一九七三年七月号であった。当時二十三歳の私は貸本屋で借りた雑誌を、東中野の貸し間で寝転がって読んだ。そして読むうち、期せず座り直した。

明治六年が現在形という小説は初めてだった。革命後の海のものとも山のものともつかぬ時代、いわば星雲期の日本が小説になるという発見自体が新鮮だった。その主人公の一人が大警視川路利良であることにも驚いた。

フランス革命末期からナポレオン時代、王政復古期を通じて警察組織の長でありつづけるという芸当を完遂したジョセフ・フーシェは、まさに冷静・巧緻、過剰なまでのリアリストであった。そのフーシェに擬せられた川路は、西郷を維新革命までの英雄と見て、革命後の日本は大久保の導く道を歩むのが妥当と考え、迷うことなく恩人を裏切ったのである。

想像力を自在に解き放ち、しかるに史実への目配りに怠りなく発想した「妖説」を知的諧謔をまじえて語る『警視庁草紙』に、私は文学のぶ厚い力量を感じ取ったのである。

山田風太郎作品との出会いは、このときから十年ほどさかのぼる。中学校の授業中、教室後方から男子だけを選んで新書判の小説がまわされてきた。それは『くノ一忍法帖』で、「ここを読め」と付箋が立てられていた。

夏の陣で大坂落城直前、豊臣の血脈をつなぐべく秀頼の子を宿した真田の女忍者がいた。それを見つけて抹殺するのが徳川方伊賀忍者の使命なのだが、攻守双方ともに特殊な性的・肉体的技能を持っている。

真田の女忍者を法悦境に導いた伊賀忍者が、相手の女忍者の顔かたちに変身する「くノ一化粧」、女忍者の子宮中の胎児を別の女忍者の子宮中に移す「やどかり」などの「忍法」が展開されていたが、それにさしたる性的興奮を誘われなかったのは、たんに私が妊娠の理屈を理解していない晩稲《おくて》であったからだけではなかった。

どこか医学書のような記述、劣情を喚起するつもりのない書き方に、まず圧倒されてしまったからだろう。付箋部分をひととおり読んで前席の男子にまわし、最初の山田風太郎体験は終った。

「忍び」「忍者」という言葉は、当時すでに一般化していた。しかし山田風太郎創案の「忍法帖」、また「女」という字を分解した「くノ一」とはこの小説ではじめて出会った。


一九七一年、山田風太郎『戦中派不戦日記』が刊行されたことを新聞の書評欄で知った。しかし、すでに二十一歳であった私が手に取らなかったのは、タイトルに抵抗を感じたからであった。

当時の私は、「戦中派」という言葉に「自分の体験をもとに青年に説教する旧世代人」、「不戦」には「誰も反対できない反戦意識に安住する怠惰」、そして「日記」には「自分の内面との対話の記述」といった負のイメージを持っていた。そのため『戦中派不戦日記』に接したのは、山田風太郎の「明治もの」を読んだ後になった。

山田風太郎は兵庫県、というより但馬と因幡の国境に近い山中、関宮《せきのみや》の開業医の家に生まれた。ちょうど百年前、大正十一(一九二二)年一月生まれだから、学齢は大正十年組だが、蒲柳の質ということで中学校進学を一年遅らせた。しかしいずれにしろ戦中派である。

五歳のとき、父親が四十一歳で急逝、平和な幼年時代は突然終りを告げた。小学校時代の二年間は、同じ兵庫県でも日本海側の町で医院を開いていた母親の実家で過ごした。

父方、母方ともに医者の一族で、のちに戦死した叔父たち四人のうち三人は軍医であった。やがて母親が、やはり医者であった父の弟と再婚、ともに関宮に帰った。だが旧制豊岡中学二年生になるとき母親が三十九歳で早世、以後ひとりで生きざるを得ない身の上となった。

母親が亡くなった一九三六年から戦争をはさんで職業作家として立とうと決めた四六年まで、十四歳から二十四歳までの十年間を、山田風太郎は「魂の酸欠状態」と回想する。「いやなことはやらない」生き方は当時から徹底していて、中学時代に三度停学になったのはまだしも、軍事教練担当将校に嫌われて「教練未修」で終ったことは、のちのちまで祟った。高等学校や医専に行きたくても入試以前にはじかれるのである。浪人生活は四年間におよんだ。

中学生時代の山田風太郎が好んだのは読書と映画であった。映画館入場は禁止されていたが、一級上の友人の実家が映画館だったのでこっそり入れてもらい、検閲官が来ない日に検閲ボックスで見た。そして、山中貞雄監督の『河内山宗俊』『街の入墨者』などにいたく感心した。五年生のとき朝日新聞社の雑誌「映画朝日」に、中学生の映画鑑賞禁止はばかげた慣行だと投稿したとき、はじめて山田風太郎と署名した。本名は山田誠也だが、悪友同士の名のり、「雨」「霧」「雷」「風」から、自身の「風」を流用したのである。

『明治断頭台』(一九七九年)の時間的舞台は『警視庁草紙』以前、明治二年から四年である。この一時期、「維新」の語義に忠実に古式に還るとして、のちの警視庁は太政官弾正台と呼ばれていた。主人公は、平安朝の公達のような時代錯誤の装いの青年で、弾正台大巡察(のちの警部)だという。瓦解以前、幕臣としてフランスへ留学した彼は、帰国時、エスメラルダ・サンソンという死刑執行人の家系の美女をともない、また近代死刑にふさわしい機材としてギロチンを持ち帰った。

やがて「正義の政府はあり得るか」という問いを、権力闘争と汚職に終始する新政府に突きつけた彼とエスメラルダは、大巡察の同僚・川路利良に追われることになる。

絶体絶命となったエスメラルダを助け、命を捨てて彼女を帰国船に乗せたのは、普段はならず者以下の五人の平ポリスだったのだが、これは中学生のとき見た十五歳のヒロイン原節子を助けて死ぬ無頼漢たちの物語、山中貞雄監督『河内山宗俊』(一九三六年)のパロディ、または本歌取りであった。

上級学校に進めず、身の置き所もない山田風太郎は、二十歳の四二年三月、衝動的に上京した。東京駅のキューポラ屋根を見上げながら丸ビルの階段で眠り、翌日、母親が中学入学祝いにくれた腕時計を売って帰郷した。その年の八月、再び上京したが、このたびは公的職業紹介所の指示で、海軍の通信機器を製造する品川の沖電気に配置された。

すでに本も払底した書店に、博文館の日記帳だけが山と積まれていたので、一冊買い、日記を書き始めたのは四二年十一月二十五日であった。それは「内面との対話の記述」ではなかった。物価を含む戦時下社会の観察記録で、一日分の記述はときに原稿用紙三十枚分におよんだ。その四四年末までの分が、のち『戦中派虫けら日記　滅失への青春』となり、つづく四五年一年間の記録が『戦中派不戦日記』となった。

四四年三月、召集令状。叔父が上京して姫路の連隊まで同行するという。よほど信用がなかったのである。姫路の連隊では、肋膜、結核を患っているものは挙手せよといわれ、そのようにした。年頭にひどい発熱、肋膜炎と診断されていたからである。軍隊ほど伝染病を恐れる組織はない。即日帰郷となった。

少年時代から虚弱な体質で、たびたび「山田、列外へ！」といわれた。軍からも「列外へ！」といわれたわけだが、それは「兵隊にもなれない人間」の烙印を押されたことと同義であった。だから「不戦」なのである。

姫路から帰京した翌日、東京医専に願書を出した。前年につづく二度目の受験だったがその日が締切り、まったくの綱渡りであった。医者になりたくない、などとはいっていられない。とにかく上級学校に入らなければどうにもならないのである。運よく合格したが、今度は納付金が払えない。殺人的混雑の列車で関宮に帰り、叔父に依頼した。そのかわり、祖父、父と続いた医院の名義を譲った。

一九六〇年代後半は山田風太郎の四十代後半、思い立って戦争の記録を千冊ほど読んでみた。その結果、戦争関係者、有名人の書きものには、自己弁護と意図的記憶違いが多いと知った。一方、無名の市民の記録は、それ自体が極端に少ない。

ならば、東京の飢餓と空襲を体験した自分の日記も、記録として意味がないとはいえまい。山田風太郎はまず四五年の古い日記、原稿用紙約一千枚分を、省くことなく、また一切改稿せず原稿用紙に書き写し『戦中派不戦日記』として刊行した。

その四五年四月九日の記述。戦争末期の春、目黒川沿いの桜並木は満開である。

花の下ゆく人、春来《きた》れる明るさと、運命の日迫る哀痛の表情溶け合い、またこれ雨にけぶりて、ふつう日本人に見られざる美しき顔を生み出せり。

しかし、そのひと月前の記述。三月十日未明、東京東部大空襲で非戦闘員十万人が焼死した。明けて医専同級生の安否を確認すべく本郷方面に向かった山田風太郎は、その惨状の一端を目撃し、「――こうまでしたか、奴ら!」と書いた。

「勿論、戦争である」「敵としては、日本人を何万人殺戮しようと、それは極めて当然である」「さらばわれわれもまたアメリカ人を幾十万人殺戮しようと、もとより当然以上である。いや、殺さねばならない。一人でも多く」

四五年五月二十四日夜、山田風太郎は東京山手大空襲の炎の中を逃げた。業火にのまれる直前、防火用水を頭からかぶって逃げ、きわどく命をつないだ。翌二十五日夜には避難先、白金台町の工場も東京都心部と西部大空襲に見舞われた。山田青年は文字通り決死の覚悟で消火につとめたがおよばなかった。

居場所を失った山田風太郎は、たとえ数日でも田舎で食べてきたらどうか、と親しくしていた職場の先輩にいわれ、先輩の奥さんの郷里である山形県庄内に行った。そこは、箸も立たない薄い雑炊を求めて何百人が行列する東京とは対照的な食糧事情だった。その地で、高等女学校に入学したばかり、十一歳下の少女を知った。職場の先輩の奥さんが、初婚相手とのあいだにつくった娘さんで、「啓子」という名前だった。

この日、四五年五月三十日の記述はつねと違っている。

夜、暗い海は夜雨のようなひびきをたてていた。一人の少女が自分の運命に突如接近して来たのを感じた。

六月、東京医専は学校ごと信州飯田に疎開する。その寮で提供される食事は、朝は百グラムの雑穀飯と少量の味噌汁、夕食は五十グラムの雑穀粥と唐辛子の葉の煮物二、三切れ、想像を絶する貧弱さであった。それでも山田風太郎は日記と読書をやめなかった。書くことと読むことが、すなわち生きることであった。

明治十八(一八八五)年から二十年の鹿鳴館をえがいた『エドの舞踏会』は一九八三

年に刊行された。鹿鳴館とその夜会はたしかに滑稽であった。しかしそれは、「条約改正」に資することなら何でもやるという当時の政府のけなげさのあらわれでもあった。

『エドの舞踏会』の狂言回しは山本権兵衛海軍少佐(のち大将、首相)だが、各章ごとの主人公は、井上馨夫人、伊藤博文夫人、山県有朋夫人、黒田清隆夫人などであった。男は、たとえ貴顕の装いをしても品下る地金がどこかにあらわれる。しかし女性は出自に関わりなく、あっぱれ貴婦人になりおおせる。そんな頌詩のようなメモを物語冒頭で残したのは、たまたま艦隊の示威航海で日本を訪れ、鹿鳴館夜会に招かれたフランス海軍将校、ジュリアン・ヴィオ大尉であった。

『戦中派不戦日記』四五年五月四日の項に、「ピエル・ロティの短編」を読んだとある。その三日後の五月七日には、同年正月に客のまばらな歌舞伎座の沖電気協力工場慰安公演で山田風太郎が「源平布引滝」の至芸を見た十五世市村羽左衛門が、疎開先の信州湯田中で死んだという記述がある。東京医専が学校ぐるみ長野県飯田に疎開する直前の六月十七日には、山田風太郎は「芥川の短編」を読んでいる。

慢性的飢餓の中で読んだロティ(本名ジュリアン・ヴィオ)の短編が『江戸の舞踏会』であったなら、また山手空襲のあとに読んだ芥川の短編がそれを種本とした『舞踏会』であったなら、その記憶は三十八年後に『エドの舞踏会』として結実したのである。

『エドの舞踏会』最終章の主人公はル・ジャンドル夫人だが、元柳橋の芸者であった彼女の夫は、風雲を望んでアメリカ南北戦争に参加したフランス人、のちにアメリカ国籍となって日本政府外交顧問に就任したル・ジャンドル将軍であった。そして二人のあいだに生まれた子が歌舞伎の大名題、十五世羽左衛門なのである。

山田風太郎はその作品で、歴史には一般的な解釈とは別の見方もできるという見方の展開を好んで行った。それを山田風太郎本人は「妖説」と呼ぶのだが、その組み立ては、まず登場人物たちの精密な年譜をつくることであった。「いやなことはやらない」という態度を生涯貫いた人だが、「あり得た」意外な出会い、人と人との交差を調べる努力は「いやなこと」ではなかったのだろう。そうして、その出会いの舞台は日本国内にとどまらなかった。

『明治波濤歌』(一九八一年)中の一編「巴里に雪のふるごとく」で、明治五(一八七二)年秋、警察制度研究のためにフランスに赴いた三十八歳の川路利良大警視の同行者は、三十五歳の成島柳北、二十九歳の井上毅、数年前までの敵同士で、まさに呉越同舟であった。これは史実だが、そこから先に虚構の「同時代性」がはなやかに展開する。

彼らとは逆方向から地球を周回して巴里に到着した岩倉使節団中に、一人の旧幕臣がいた。彼と、なぜか巴里まで流れてきていた元柳橋の芸者の思わぬ再会を契機に殺人事件が起こる。そこに、まだ株屋であった二十五歳のポール・ゴーギャン、美少年アルチュール・ランボーと関係が破綻して間もない二十九歳のポール・ヴェルレーヌが登場するのである。さらにエミール・ゾラ、ギ・ド・モーパッサンも加わるのだが、殺人事件の捜査にあたったのは推理小説家の草分け、エミール・ガボリオが創造した名探偵、ルコック警部であった。

物語の終幕は巴里の冬の早朝、セーヌ川アルマ橋南詰である。そこで川路利良は殺人者である旧幕臣と尋常の決闘におよび、薩摩示現流の二太刀でこれを屠る。この光景をたまたま目撃した七十一歳のヴィクトル・ユゴーは、「噫無情(ミゼラーブル)、しかしまた噫見事(フォルミダーブル)」と嘆息するのである——

山田風太郎の傑作群のうち、私がとくに注目するのは、「一人の作家が、一人の画家に語り出した——」という書き出しの『八犬伝』(一九八三年)である。

時は文化十(一八一三)年晩秋。場所は江戸・九段中坂下の馬琴宅。語る作家は数え年四十七の滝沢馬琴、聞く画家は数え年五十四の葛飾北斎。

馬琴は翌年着手するつもりの『南総里見八犬伝』の構想を北斎に聞いてもらい、反応をさぐりたいのだ。場面を絵にしてもらえれば、もっとありがたい。

以後、馬琴が語った『八犬伝』本編の「虚の世界」をはさんで、数年おきに同じことを繰り返す。それが山田風太郎『八犬伝』の構造で、雄渾豪宕《ごうとう》にして波瀾万丈、まさに「妖夢のつづれ錦」のごとき「虚の世界」と、滝沢家の平凡な生活、というより、狷介《けんかい》、剛愎《ごうふく》、吝嗇《りんしょく》、著しく社会性と協調性に欠けた馬琴の「実の世界」が入れ子で進行する。

下級武士の子に生まれた馬琴は、早くに親を失い、行商人、大道芸人、占い師として口に糊した。果ては頑健な体格を見込まれ相撲取りにも誘われた。二十七歳で下駄屋の婿に入ったのは生活上の打算の結果であったが、やがて『椿説弓張月』を書いて戯作者として名をなした。

滝沢家を武家に戻すことを夢見つづけた馬琴は、たしかに封建期の人であった。同時に職業作家という近代人の先駆でもあった。また彼は『八犬伝』四百数十人の登場人物すべてに、善人には善果を、悪人には悪果を与えて「勧懲」し、延々たる講釈と説教を書きつらねなければ気が済まない超完全主義者であった。

台所の醤油や味噌の減り具合を点検し、塀をはみ出した果樹の枝の所有をめぐって隣家と争い、主人のうるささに反抗する下女と闘い、下肥汲みの百姓と、下肥の対価がわりの大根の本数が不満だと本気で喧嘩するような男であった。そんな、まったく「絵にならない」生活者が、恐るべき怪異の物語を内部から湧かせるのである。それは精神の病と紙一重の衝動、すなわち才能であった。

山田風太郎は瑣末事にはこだわらず狷介な一面はない。だいたい日常生活にはなんら興味をしめさない。しかし彼もまた少年時代に親を失い、暗く孤独な十年間を経て、二十四歳で職業作家の道を歩み始めた人である。驚嘆すべき教養は馬琴に通じるが、才能の、また「妖説」の鋭さは「勧懲」でも「説教」でもなく、パロディのユーモアでおおわれた。

やがて馬琴は老いた。木製の総入れ歯となり、白内障で視力を失った。「虚の世界」の物語の聞き手は、北斎から渡辺崋山に、崋山から早世した息子の嫁、お路《みち》にかわった。そのお路が『八犬伝』最終章「安房大戦」を口述筆記したのである。

「那時《かのとき》遅し這時速《このときはや》し、渦《うづま》く潮水《うしほ》に波瀾逆立《なみさかだち》て、百千万《ももちよろづ》の白小玉」「数万《すまん》の金蓮《きんれん》金華と変じて赫奕《かがやく》」

こんな文章を、目に一丁の漢字もなかった女性が書いたのである。教えるも涙、教えられるも涙の苦闘をひそかに目撃した北斎は、「あれは絵になる」とつぶやいた。

『八犬伝』は二十八年かけて天保十三(一八四二)年に完成した。世界伝奇小説の烽火、デュマ父の『三銃士』に先立つこと二年であった。

山田風太郎は小説で自分語りをしなかった。日記でさえもまれであった。しかし馬琴死後百三十五年に書かれた『八犬伝』は、「物語とは何か」「物語を紡ぎ出さなければやまない才能とは何か」を主題として、山田風太郎が自分と自分の創作について語った半私小説的「妖説」の傑作であった。

老いても、生きるには金がかかる。——人間の喜劇
老いても、死ぬには苦しみがある。——人間の悲劇

古今東西の有名人九百二十余人の死に方を死亡年齢ごとにえがいた『人間臨終図巻』(一九八六年)には、こんなエピグラフが添えられている。

九四年、山田風太郎は居住地の市役所から金一封とバスタオルの長寿祝いをもらって苦笑した。七十二歳で長寿とは現代では異とするに足るが、当時はさして不自然ではなかった。

一九九三年であった。旧知の雑誌編集者に、誰かインタビューしたい作家はいない

か、と問われた。山田風太郎、と私はこたえ、それは実現した。勇躍して多摩の丘の上に建つ山田邸にのぞんだが、ことはたやすくなかった。先生は遠い昔のことは記憶にあざやかでも、つい最近のことは忘れがちで、そのうえ話は同じ場所をめぐりがちなのである。それが老化のあらわれなのか、意図してのことなのかはかりがたかったが、とにかく言葉をそのまま起こしても詮無いとはすぐにわかった。

そこで一年半ほど作家と取り交わした雑談の話題を、浩瀚な山田作品をさかのぼってたしかめ、話体模写しつつ再構成、いわば座談的物語に仕立てたのが私の『戦中派天才老人・山田風太郎』(一九九五年)という本であった。これは、山田風太郎の言わなかったこと、書かなかったことはまったくない、変則ではあるが、やはりインタビューであった。

七十代の山田風太郎の楽しみは、啓子夫人の運転する車でスーパーマーケットに連れて行ってもらい、食品売り場を「見物」することであった。啓子夫人は、四五年五月三十日の日記に「一人の少女が自分の運命に突如接近して来たのを感じた」と書かれたその人で、それから八年、二十歳のとき、十一歳上の山田風太郎と結婚したのである。

スーパーの食品売り場には何でもある。あふれるほどある。戦時中から戦争直後にかけての飢えという「内科的拷問」を思えば夢のようだ。「外科的拷問」とは空襲の炎だが、「内科的拷問」はそれより傷が深かったようで、忘れられない。戦死した中学の同級生の三分の一は、靖国神社にはいない、スーパーの食品売り場にいる、と山田風太郎は確信した。

彼は、現在が日本史上の最高到達点で、こんないい状態が永遠につづくわけはない、ともいった。この程度がピークでたまるかと思った私が、まだまだ日本は発展するでしょうと反論すると、山田風太郎は、先は下り坂だよ、と断言した。小川三四郎と広田萇《ちょう》先生のような会話がかわされたのも九四年であった。

その九四年、山田風太郎は「文藝春秋」十月号に「戦中派の考える『侵略発言』」を掲載した。それは、その頃就任早々の大臣、長官が「南京大虐殺はでっちあげ」「日本も侵略戦争をしようと思って戦ったわけではない」などと発言して更迭されたことをきっかけに企画された「聞き書き」であった。

「彼らの発言をまったく正しいものというつもりはない」と山田風太郎は語った。

しかし「盗人にも三分の理」ではないが、かれらの発言には少なくとも五分の理はあると私は思っている。その五分の理を開陳せずして、ただ全面謝罪をし、あわてふためいて辞任をしてしまう姿勢は、その言論自体よりいっそうよろしくない。

太平洋戦争をどう考えるか、戦後五十年を過ぎようとしているいまでも私にはよくわからない。しかし侵略戦争をしたから悪いとか、残虐行為を繰り返したとかいわれることには抵抗を感じている。それはわれわれの世代――戦中派――に多く見られる抵抗感ではあるまいか。

こういう発言を山田風太郎がすること自体がめずらしい。あるいは初めてか。

これから何万年も続く日本の歴史のなかで侵略することはないにしろ、二度と戦争をしないということはありえないのだ。

不戦の決意はいい。しかしいざというとき自分を守る武力すら持たないというのは、自らを歴史の目的の一部と思い上がる行為ではないか。

炎の下をくぐり、飢えに苦しんだ「戦中派」のリアルな感想であった。

九五年初めであった。視力の低下で白内障を疑って受診したところ、糖尿病による網膜出血だと診断された。パーキンソン病にもかかっているといわれた。山田風太郎はほとんど初めて入院して、九四年秋から連載していたコラム『あと千回の晩飯』(朝日新聞)を半年休んだ。

糖尿病も意外だったが、パーキンソン病はもっと意外だった。それは、師といえる江戸川乱歩がかかった病気であった。四六年、二十四歳で書いた変格推理小説『達磨峠の事件』を乱歩に高く評価してもらい、山田風太郎は医者ではなく作家で立つ決意をしたのである。そしてその乱歩の晩年、パーキンソン病による操り人形のような痛ましい歩き方は記憶に鮮やかだった。

終戦直後には文字通り浴びるように酒を飲んだ。老いても、戦中の心の傷からか、夕食の料理は食卓狭しとならんでいなければ気が済まなかった。それを食べるのではなく、眺めながらウイスキーのボトル三分の一を毎晩あけるのである。そうして呼吸するようにタバコを吸った。虚弱で「列外へ!」といわれたわりには、七十過ぎまで生きられたのは望外だが、自分は遠からず肝硬変か肺がんで死ぬものと信じていた。それがパーキンソン病とは。

自分が『人間臨終図巻』に書いたエピグラフの実践ではないか。

死は推理小説のラストのように、本人にとって最も意外なかたちでやって来る。

退院後『あと千回の晩飯』を再開したが、筋肉が思うように動かないから筆を握れず、最後の数回は口述筆記となった。

その最終回、九六年十月十六日の記述。

いろいろと死に方を考えてみたが、どうもうまくいきそうもない。私としては滑稽な死にかたが望ましいのだが、そうは問屋がおろしそうもない。

あるいは死ぬ事自体、人間最大の滑稽事かもしれない。

二〇〇一年には、ほとんどしゃべれなくなった。そんな状態でもコップ半分ほどのビールを夫人に飲ませてもらっていた。六月六日、搬送されたのは、筋肉が萎縮した結果、気管と食道のあいだの弁が閉じなくなって呼吸困難に陥ったためであった。それから五十二日後の七月二十八日午後六時、啓子夫人に看取られて、この戦後最大の作家は亡くなった。七十九歳、奇しくも三十六年前に死んだ江戸川乱歩の命日であった。

これも『人間臨終図巻』から。

およそ人間のやることで、自分の死ぬことだけが愚行ではない。

（「文藝春秋」二〇二二年十二月号）

個性的日本人が描く個性的日本人群像

——山田風太郎『明治波濤歌』

『明治波濤歌』は一九七九年九月から一九八〇年十二月にかけて書かれ、「週刊新潮」に連載された。著者五十七歳から五十九歳になる直前までの時期にあたる。単行本は一九八一年六月、新潮社から刊行された。

このときすでに山田風太郎は『警視庁草紙』にはじまる、いわゆる明治ものに本格的に手を染めて約八年の時日を経ている。さらに二十四歳で小説家としての出発を果たして以来なら三十五年、五十歳代の終りに至ったこの時期、山田風太郎はその構想力と想像力の最高の地点に達し、『明治波濤歌』はその成果をはっきりと示した傑作といえる。

山田風太郎が『明治波濤歌』を発表しはじめた一九七〇年代末は、いわゆる純文学とは別に大衆文学の流れが存在すると考えられていた最後の時期にあたる。やがて八〇年代に至ると、かつて大衆小説と呼ばれたものの一部は、たとえば新幹線のなかで消費される小説群となり、またそのすぐれた一部は豊かな知識性と物語性とをもって現代日本文学の流れと合流した。いや、文学の流れを呼び寄せ、これはいまだ一般に認知されきったとはいいがたいが、私見によればその主流となった。

近代文学は西欧的教養の暴力的な流入とその受容の上に成立した。その結果、古来の道徳的規範を失って空虚な状態にとめおかれた日本の文芸家が、近代的自意識の処理に思い悩んだ末に自然主義から私小説へと至ったのは無理ないことである。

日本人は維新以後、旧時代のモラルを捨てた。あるいは捨てようと必死の努力をした。しかし新しいモラルは見つからなかった。それは外国からもたらされるという種類のものではない以上、当然である。

それでも人はなんらかのモラルによらなくては生きられないから、たとえば、「正直」という旧時代のモラルを、自分の内面をさらけ出すあられもない率直さまたは露悪で代替しようとした。いわば自意識の安定のために不安定な状態を意図してつくりだしたのであり、そのようにして自然主義小説は生まれ、やがて私小説へと結晶した。

しかし、内面などというものはあるといえばあるし、ないといえばそうもいえる。

少なくとも相対的なものにすぎない。また内面の物語は、しばしば独善とミニマリズムの陥穽にはまり、読者をもとめつつ拒むといった矛盾をはらむ。

ゆえに、あらかじめ内面から自由な、または内面を断じて文芸上の主題とはしない山田風太郎の作品群は、本来の文芸の読者を大いに魅きつける骨太な物語性を持ち、同時にそれが日本近代文芸的教養をたしかに苗床としているにもかかわらず、日本近代文芸そのものへのもっとも強力な批評になっているのである。

山田風太郎が好んで描く明治前半期こそ、旧モラルを捨てようとしてもいまだ新しいモラルを見出せないという意味で、日本人の精神のまことに混沌たる時代であった。また、このような価値紊乱《ぶんらん》期は小説構成上の基点が定まらないという意味で、善悪の判断が日ごと場所ごとにかわる十四世紀の南北朝時代とおなじく、小説にはしにくいものである。タブーとさえいわれてきた。

しかし、だからこそ山田風太郎はこの時期を選ぶのである。それは小説家としての自信と探究心のあらわれにほかならないし、その企てはみごとに成功した。

波濤《なみ》は運び来《きた》り
波濤は運び去る

明治の歌……

というエピグラフを飾ったこの連作長篇小説の主人公たちは、体制もモラルもいまだ闇のなかにあり、蠕動《ぜんどう》しつつ自らのかたちを整えていた近代の星雲期に生きた。そして強烈な個性を、エネルギーを放射することで小さな光源となり、闇を照らした。しかし、多くは世俗の栄華には恵まれず、ただいくらかの記憶を人にとどめて暗黒のなかに還った。そういう日本人である。

榎本武揚は反新政府の戦いに敗れたが死を選ばず、のちに新政府の高官となった。そして後年そのことを弁解しないままに老いて没した。

山田風太郎は、榎本は「自信」ゆえに生きのびたのだといい、つぎのように書いた。

「世には、真実であると信じていても公然と口にすることの出来ないことがあるが、このおのれに対する途方もない自負もその一つである。死ぬにはおれはあんまりエラ過ぎたから生きたんだ、とは、いいづらいし、世間も素直には受取らない」

山田風太郎は、「ただ。——それでもなおかつ。——」とつづけた。

オランダ帰りのこの海将が、義と侠の旗の下に五稜郭で壮烈な死をとげていたら、あるいは彼こそ、維新の嵐における最大のヒーローとなり、それどころか永遠に日本人を鼓舞する幾人かの叙事詩的英雄の一人として残ったのではあるまいか。

（「それからの咸臨丸」）

樋口一葉は明治二十七年二月、なにを思ったか本郷真砂町の天啓顕真術師・久佐賀義孝を訪問し、相場というものをやってみたいから金を貸せといった。

久佐賀は占術師兼業の相場師だが、一葉のこの行動は彼女の生涯中の謎とされる。それはおもに薄幸悲劇の小説家一葉のイメージと相反するからだが、彼女に「心中一点の侠の魂」を見とおす山田風太郎は、必ずしも謎とは考えない。そして久佐賀（この小説中では、現実には永らえた彼が、何者かに殺害されるという設定だから名を義教と改めている。義教という名は、幕下の将に刺し殺された足利六代将軍を連想させる）と対面した一葉に、こういわせる。

たとえゆくすえ、破れて道ばたに伏す乞食になっても何でありましょう。……ただ、その乞食になるまでの道中を作りたい、と私はもだえているのでございます。

その道中に花を敷きたいのでございます。先生、私にその道を作って下さいまし。それとも私などは、しょせんどぶどろの中に生まれて死んでゆく虫のような天命だとおっしゃるのでございましょうか？（「からゆき草紙」）

──一葉は、おそらくこんな人であった。人の迷惑をかえりみずおのれの道をつらぬく、その日本人離れした情熱で知られたふたりの歴史的著名人については、こうしるす。

川上音二郎にしても野口英世にしても、強烈なエゴイズムの熱塊であった。それは人間すべてがそうだといえばいえるが、しかし彼らには、ただの私利私慾とは次元とニュアンスのちがう何かがあった。それゆえに彼らは、のちのちまで人々の胸に好意あるいは敬意の念を残したのである。（「横浜オッペケペ」）

これら過剰に個性的な人々は特例的な存在ではあったが、それでもたしかに日本社会のなかに彼らは生まれたのである。そして、直接に迷惑をこうむった一部を除き、平均的日本人もその実力と魅力とを素直に認めたのである。この明治前半期こそ、近世以後のどの時代よりも個性的日本人を多く生産した時代だった。

だが彼らは歴史の勝者ではない。むしろ敗者の列に数えられるだろう彼らを山田風太郎は、好み、勇敢な敗者に一掬《いっきく》の共感の涙を注ぎつつ、勝者もまたいつか同情を呼ばぬ敗者となる日がくるだろうことを予見している。

私は山田風太郎にどうしても戦中派の面影を読みとってしまう。それは「正義」を信じず、また「悪徳」をも信じず、ひたすら冷眼を持って歴史を眺め、しかるに言語と表現のみはついに信じざるを得ない、つまり徹頭徹尾文学者たることの宿命を刻んだ面影である。

その、いわば明るいニヒリストの、または個性的日本人の描く個性的日本人群像の物語は、ひとつの歴史観のありかたを教えてくれるのみならず、私たちを心からくつろがせ、さらには日常を生きる勇気さえ与えてくれるのである。私は、同時代に山田風太郎という偉大な作家を持った幸運をひそかに賀さずにはいられない。


（ちくま文庫、一九九七年九月）

梯子の下の深い闇

――藤沢周平『闇の梯子』

短編集『闇の梯子』の収録作は、おそらく一九七四年はじめの「入墨」をのぞいて、七三年に書かれた。七三年は藤沢周平、四十五歳の年である。

『闇の梯子』は、七一年から七三年の作品を集めた『暗殺の年輪』、『又蔵の火』につぐ三冊目の短編集だ。最初の『暗殺の年輪』には、「溟《くら》い海」「囮」「黒い縄」、短期間のうちに直木賞候補となった三作と、七三年夏に受賞した表題作がおさめられている。しかし題名がしめすように、暗い味わいの作品群である。

「溟い海」は事実上のデビュー作で、七一年に「オール讀物」新人賞を受けた。いわゆる剣豪小説は衰えたが、おもに文化・文政年間の江戸文明爛熟期を時間的舞台にとる時代小説が確立される以前である。少なくとも、九〇年代以降の隆盛は、誰も想像していない。

私は「溟い海」を貸本屋から借りてきた新刊雑誌で読んだ。そして大いに感心した。それはひと口にいって、老いた天才葛飾北斎が安藤広重の若い才能に嫉妬する物語である。そのあまり、北斎は広重に闇討ちをかけようとさえする。

うまい。しかし暗い。それが私の感想であった。腕は確かだが、この暗さ重たさではあまり売れないだろう、というのが南京豆をかじりつつページをめくった私の見通しで、二十一歳の私はすでに「いっぱし」であった。

その作家が七六年に『用心棒日月抄』を書き、七七年には『春秋山伏記』を書いて、達者な手腕はそのまま、五十歳を前に明るい作風に転じるとはまさに驚きであった。だが読者として振り返ってみれば、この作家の「風景」が遠望できる。「暗さ」のわけも作風転換の理由も、なんとなくではあるけれど、わかる気がする。

表題作「闇の梯子」の主人公清次は、まだ若い彫師、つまり木版画の版下職人である。女房おたみと裏長屋住まいで、子供はいない。しかし彼には希望がある。

一枚絵の注文もとって、江戸で押しも押されもしない板木師になる。弟子を養い、やがて彫清の看板をあげる。おたみはおかみさんと呼ばれ、小まめに弟子たちの面倒をみて慕われるだろう。子供は男と女が一人ずつついる。

だが平穏な日常のすぐそばに、悪意が息を殺してひそんでいた。ある日、おたみが腹の痛みを訴えた。吐いたものの中に血が混じっている。たんなる腹痛ではなさそうだ。数日前からだという。なぜ早くいわない、と清次がなじると、おたみは「だって、そのうちに治ると思ったもの」と甘えるようにこたえた。

清次は布団の中に手をさし込んで腹を探った。おたみの腹は、血の色を失って少し尖《とが》って見える顔を裏切って、豊かに熱かった。

「このあたりか」

「もう少し右みたいだ」

くすぐったい、とおたみはまた甘えた声を出した。滑らかな肌は、清次の掌の下で抵抗もなく幾カ所か凹んだが、結局どこが痛いのか、はっきりした場所はわからなかった。

清次は、版元から二十両の金を託され、とりにきた相手に黙って渡してくれればいい、といわれた。禁制の書物をひそかに開版した版元が、脅されたのである。指定の場所に出向いた清次は、そこで思いがけなく兄・弥之助と再会した。

下野《しもつけ》の百姓の長男であった弥之助は、放蕩を重ねた末に一町三反歩の田畑と家屋敷を潰して出奔した。弥之助二十四、清次は十三のときである。だが清次には、家の行く末に不安を抱いても、兄を憎んだ記憶はない。

江戸へ出て二十歳になった年にも、清次は浅草広小路の雑踏の中で弥之助を見かけたことがあった。以来五年、三十六になった兄の小鬢《こびん》には白髪がふえ、額には深い皺が刻まれている。

弥之助にも意外だったのだろう。おまえが使いじゃ受けとるわけにはいかない、と恐喝したはずの金を清次に返した。そのはからいに不満な仲間が抜いた匕首《あいくち》を、玄人らしい身のこなしであしらった弥之助は、ほんの四、五間先にたたずんでいるばかりだ。なのに、もう「そこは別の世界」なのだった。

医者は、おたみの病気に治療の手立てはないといった。すでに腹中の腫物《はれもの》が壊死《えし》しているという。

清次が帰ったとき、眠っているはずのおたみが茶の間の壁際に蹲《うずくま》っていた。清次は顔色をかえて、おたみのそばに寄った。

「ああ、あんた」

おたみはゆっくり顔を挙げ、舌ったるい口調で呟くと微笑した。その微笑は清次の胸を切り裂いた。おたみの顔は黄ばみ、頰は殺《そ》げて哀れに面変りしていたが、笑顔は子供のようにあどけなかった。

「眼が覚めて、呼んでも、あんたがいないから……」

おたみは息が切れるらしく、ひと言ずつ言葉を区切って訴えた。


清次は高価な薬を手に入れた。効くかどうかはわからないが、すがる思いなのだ。その代金に、いわくつきの二十両が投じられた。

清次は、金を依頼主の版元には返さなかったのである。事情を説明しようとすれば兄のことを話さなければならないが、それはできない。そしていま、二十両を費消しつくしたことが知られれば手が後ろに廻る。

それでも薬価は追いつかない。おたみの命は旦夕に迫っている。追いつめられた清次は、高い手間賃の仕事に手を出した。高いのは、お上の許しを得ていない違法な版下だからだ。

清次は幻影を見た。地上から地下へと垂れ下がる、細く長い梯子の幻影である。

「梯子の下は闇に包まれて何も見えない。その梯子を降りかけている自分の姿が見えた」

それは、兄弥之助が降りて行った「闇の梯子」であった。

藤沢周平には七歳上の長兄がいる。

終戦直後、末は戦死と思いさだめていた命を返された藤沢周平は、それまで考えもしなかった進学を決意した。昭和二十一年春、山形師範の試験を受けて合格した。しかし、出征した兄が復員してこない。兄が不在のままでは、自分が家の仕事、農業をやるほかない。

あきらめかけていた昭和二十一年五月、家の戸口に立った兄が、敬礼をしながら「ただいま帰りました」と叫んだ。迎えた弟は、涙をとめることができなかった。北支から南方に送られる直前にチフスにかかって上海で入院、結果として生還することができたのだという。弟は進学した。その年の山形師範の入学が、たまたま五月だったことが幸いした。

昭和二十四年春に師範卒業、生家から遠からぬ湯田川中学校の教員となったが、昭和二十六年春、学校の集団検診で肺結核が発見され、休職して療養生活に入った。当初は地元鶴岡で通院治療した。

その晩春のことである。屋敷内の木を切り倒す兄の姿を見た。足元には白い辛夷《こぶし》の花が散らばっている。兄が鋸を入れようとすると、木は微かに身顫《みぶる》いして朝露をこぼした。

三十歳の兄は、背後に近づいた二十三歳の弟に気づいた。

不意に鋸から手を離して、弥之助は清次に向かい合っていた。多分その時、清次の眼には兄を非難する色があったのだろう。十三の清次にも、兄が最後の樹を伐り倒して、金に換えようとしていることが解っていたからである。弥之助は黙って弟を見つめると、「飯は喰ったか」と優しい声で言った。(……)清次がうなずくと、弥之助は鋸を樹の幹に喰い込ませたまま、黙って家の方に立去った。

「闇の梯子」にあるこのくだりは、藤沢周平の実体験そのままである。

ただし、実兄は木を売ろうとしていたのではなかった。その頃、自家で使う燃料は山の柴だった。事業がうまくいかず借金をふくらませた実兄は、刈った柴を背負って村の中をとおりたくなかったので、屋敷内の木を焚きものにしようとしたのである。

藤沢周平の病気にはかばかしい改善が見られず、医師に勧められて東京の療養所に入ったのは五三年はじめ、二十五歳のときである。兄は十四時間かかる長旅に付き添った。東村山に着くと、兄はそのまま鶴岡に帰って行った。

療養所からの退所は五七年晩秋だが、やはり借金のためかその少し前頃、兄は生家を出奔して上京したようである。弟は心当たりを探して兄を見つけ出し、鶴岡に連れ帰った。そんな弟に、ひそかに感謝した。

おたみには、藤沢周平の最初の妻の色濃い反映がある。

最初の妻は、藤沢周平が勤務していた当時の新制湯田川中学の生徒であった。担任したことはなかったが、姉が湯田川小学校の教師で、その夫は師範同窓、かつ中学の同僚教員だったので記憶はあった。三回もの外科手術を受けた藤沢周平を、東京で勤めていた彼女が見舞ったのは、姉と義兄にいわれたからだろう。

当初は元生徒としてのみ見ていた。見舞いが重なるうち別の感情も芽生えたが、やがて彼女は故郷に帰った。結婚の準備だろうと藤沢周平は思った。

退院後の就職運動のために帰郷してみると、意外にも彼女はまだひとりものだった。

結婚したのは彼が故郷での教員生活継続をあきらめ、業界紙で働いていた五九年夏である。

翌年、別の業界紙に移って、そこで一応生活の安定を得た。六二年頃から小説を書くようになり、六三年には読売新聞の短篇小説賞に応募して選外佳作となった。妻は夫が、余業として小説を書くことを好ましく思っていた。

六三年二月に長女が生まれた。妻が胃の烈しい痛みを訴えたのはその年の六月であった。

病状が奔馬のごとく進行したさまは、「闇の梯子」のおたみとまったく同じである。絶望と診断された。しかし藤沢周平はあきらめきれなかった。入院した大学病院では「民間療法」を認めなかったので、別の大学病院に転院した。高価な薬を買い、妻に注射した。そのため会社に月給の前借をし、借金もつくった。

しかし妻は発病からわずか五カ月、誕生日前の娘を残して亡くなった。二十八歳であった。

このとき藤沢周平もまた、「闇に降りる梯子」の幻影を見たであろう。清次はその梯子を下りて行ったが、藤沢周平は降りなかった。

もともとそういうタイプの人ではなかっただけでなく、娘の存在がそれを許さなかった。そして、仕事と会社の同僚たちが、三十五歳で子持ちのやもめとなった彼を支えた。

その後も小説を書いて新人賞に応募しつづけたのは、経済のためでも気晴らしのためでもなかった。それは自らを救い、「闇の梯子」から遠ざかるための手だてであった。筆名とした藤沢は、亡き妻の生まれ育った集落の名前である。

下町育ちの、なにごとも苦にしない女性と再婚し、死んだ妻のためにつくった借金を返し終っても、藤沢周平の屈託は吐き出しつくせなかった。初期作品がはらむ暗さの原因は、そこにあった。

それが七六年から作風が明るくかわった。最初の妻の死から十三年後のことである。かわらなかったのは、まるで「版下職人」のように仕事をする作家の、その態度だけであった。

表題作をはじめとする『闇の梯子』の作品群は、「私小説」を嫌った作家が書いた「私的」時代小説の代表作である。同時にそれは、藤沢周平が藤沢周平となるためにはどうしても通過しなければならなかった、暗い手掘りの、しかし端正な掘り跡を壁面にとどめた隧道《ずいどう》であった。


（文春文庫、二〇一一年五月）

「孤士」の墓碑銘

――藤沢周平『回天の門』

『回天の門』は一九七九(昭和五十四)年十一月、藤沢周平五十一歳のとき文藝春秋から刊行された。藤沢作品としては最長の評伝的歴史小説のひとつである。

広い平野部を持つ羽州荘内地方の物成りはよい。だがそれは「一年の三分の一が風雪に閉ざされる土地」だからこその豊かな水のおかげである。清川村はその荘内領の東端、最上川が平野に出る手前の咽喉部にあり、荘内領から江戸への主出口である。参勤交代の行列も清川から隣藩新庄領までは舟を仕立てる。

清河八郎は、その地で酒造業を営む豪農斎藤家の長男として文政十三(一八三〇)年に生まれ、元司と命名された。斎藤家は藩から十一人扶持で遇されているものの武士ではない。すなわち藩の後ろ楯を持たぬまま、自らの弁舌と剣を恃《たの》んで世に驥足《きそく》を展《の》ばすべくつとめる清河八郎の三十三年の生涯を、藤沢周平は千百五十枚分の紙幅を費やしてえがいた。

元司は九歳で鶴ヶ岡城下の伯父の家に預けられて学塾に通った。しかし三年後に破門されたのは、持ち前の反抗心と人の意表に出たがる性格、藤沢周平いうところの「ど不敵」ゆえであった。

「ど不敵」とは、風雪と身分制の重みに身をかがめて生きる東北農民に、時折その反動として出現する性格である。年長者に廓通いを咎められた十三歳の元司が、「面白すぎて、少しこわくなりました」と述懐したような早熟さと大胆さもそのあらわれである。要するに斎藤元司は、少年時代からその土地と豪農の惣領息子という立場に倦《う》んでいたのである。

若くして朽ちかけた元司の心を刺激したのは、弘化三(一八四六)年夏、斎藤家の食客となった旅の絵師、藤本鉄石であった。みごとな南画を描く鉄石は、元司に時勢の知識をも伝えた。それは、前年江戸伝馬町の牢から逃亡した蘭学者高野長英の話であったり、四年前清国の壊滅的敗北で終ったアヘン戦争の話であったりした。江戸に行きたい、広い世界に出たいとかねてから望んでいた元司を鉄石は励まし、元司の顔には「波瀾が現われている」といった。のち文久元(一八六一)年、幕府がまわした手配書に、その「波瀾が現われた」容貌がしるされている。

「歳三十位。中丈」「太り候方。顔角張。総髪。色白く鼻高く眼するどし」

このとき三十一歳、彼は幕府警察組織の手先の首を一刀のもとに刎《は》ね、お尋ね者となっていた。

弘化四年五月、旧家の跡継ぎたるを嫌った十七歳の元司は、出奔して江戸に出た。東条一堂の塾に入門したが、さまざまな行くたてから何度も郷里に帰らなくてはならなかった。そしてそのたびに倦怠を深めた。すると父親は、学問から元司の気を逸らすために、上方、伊勢、長崎、蝦夷などへの旅を許した。彼の見聞は深まり、視野は広がった。

渋々ではあったが父親の許しのもとに再上府した元司は、嘉永五(一八五二)年、安積艮斎《あさかごんさい》の門に学び、あわせて千葉周作の剣術道場玄武館に入門した。二十二歳という遅い出発であったにもかかわらずめきめき腕を上げ、北辰一刀流免許皆伝をわずか八年半で受けた。こうと決めたらたゆまぬ熱意、行くところまで行かなければ満足しない性格、そうして得意の弁口で人の心を動かすことへの執着、みな「ど不敵」から発していた。それは彼の人生の吉凶を烈しく左右する宿命であった。

嘉永六年、アメリカ海軍ペリー提督が四隻の艦隊を引き連れて浦賀に来航、開港・通商を求めた。武具屋が異常な繁盛を見せ、寺の梵鐘は鋳つぶして大砲にせよと幕府は命じた。翌安政元(一八五四)年一月、ペリーは幕府の回答を求めて七隻の艦隊で予告通り再来航した。そのとき清川にいた元司は急ぎ出府、神奈川まで黒船を見に行った。

彼が安積艮斎の塾に移ったのは幕府の官学昌平黌《しょうへいこう》に入るためであったが、昌平黌の学問は彼には不満であった。日米和親条約が結ばれた安政元年三月、二十四歳の斎藤元司は清河八郎(清川とも書いた)と名を改めた。このとき彼は、学問の世界で身を立てて幕臣の列に加わりたい気持を失い、「志士」として「回天」の業に携わることを考えるようになった。彼が実家の援助を仰いで江戸に開いた学塾も、学問教授より同志の集結場所となった。

この間、帰郷時に登楼して知った九歳年少の女性を身請けし、その可憐な風貌から「蓮《れん》」と名づけて事実上の妻とした。また脱藩浪人のほか幕臣山岡鉄舟、その義兄高橋泥舟、松岡万《よろず》らと交わって「虎尾の会」を結成した。やがて公武合体論から倒幕論に進む清河八郎だが、彼には藩の背景がなく、組織としての味方はいなかった。そこが薩摩や長州の青年たちと違った。いくばくかの同志はいても、結局は「孤士」であった。たばさんだ刀の冴えはあっても武士でさえなかった。郷士と称したが、身分上は農民であった。

外国からの条約締結圧力に苦しんだ幕府は、あえて朝廷に諮問した。それは責任の分散であった。諸外国の軍事力を認識しない朝廷とそれに与する大名はしきりに「攘夷」を唱えたが、空論にすぎなかった。

「開国通商」と「空想的攘夷」の板挟みに苦しむ幕府の屋台骨は、安政七（一八六〇）年の桜田門外の変を経るまでもなく大きく揺らいだ。しかしその警察組織は健在・有能で、とうに「虎尾の会」は監視対象となっていた。文久元（一八六一）年五月、外出した八郎らの行く手をふさいで打ちかかってきた手先の男の首を、八郎は居合の剣で切り飛ばして、追われる身となった。この一件で同志と妻の蓮は捕縛された。蓮は劣悪な環境で牢死する寸前、荘内藩に引き取られたが、藩邸でおそらく毒殺された。

逃亡先の京都で、狂信的な尊攘主義者である公家侍の田中河内介と肝胆相照らしたあと、八郎は九州へ「尊皇・倒幕」の遊説を試みた。文久元年暮れから薩摩を除く九州各地の志士たちと会して雄弁をもって説得すると、翌文久二年二月下旬には志士たちは続々脱藩して京に集まり、その数三百におよんだ。しかし八郎の計画は、薩摩の島津久光が兵を率いて上京してくることを条件としていた。しかしその久光には倒幕の意志はまったくなく、上京すると蜂起をはかる自藩の有馬新七らを伏見寺田屋に討たせ、田中河内介を薩摩行きの船上で殺させた。清河八郎すなわち「策士」と人が連想するようになるのはこの一件以後である。

江戸へ戻った八郎は時流の変化を見て「大赦」の願いを出し、受理された。それから、天誅と称する殺人が跋扈する京都の治安維持のために浪士組の結成を、時の幕府中枢板倉勝静《かつきよ》に献策した。その浪士組二百五十名が十六日かけて京に到着した文久三年二月二十三日夜、八郎は全員を集め、以後浪士組は幕府にではなく朝廷に従うと宣言した。そして輩下の若い武士たちを学習院に派遣し、強引に勅諚《ちょくじょう》を賜らせた。この大博打に八郎は勝った。

浪士組はこぞって江戸に帰ることになったが、それを拒否して京に残ったのが芹沢鴨、近藤勇、土方歳三ら、のちの新選組の面々であった。怒り心頭に発した板倉勝静は、八郎の暗殺を命じた。それが佐々木只三郎ら七人によって麻布一ノ橋で実行されたのは、文久三年四月十三日、八郎は三十三歳であった。

司馬遼太郎の初期作品「奇妙なり八郎」は、幕臣らと近づきになる際にも自らの佩刀「七星剣」の鑑賞という策を弄し、また浪士組結成とその京におけるあざやかな大転向を実行した「策士」清河八郎の綱渡りの生涯をえがいた七十枚の短編である。「奇妙なり八郎」とは板倉勝静の八郎評であった。

この小説の映画化が篠田正浩監督の『暗殺』(一九六四年)で、主演丹波哲郎、妻の蓮を岩下志麻、伊牟田尚平を八郎に心酔する軽薄な若侍として蜷川幸雄が演じた。この作品もよくできていたが、藤沢周平は「策士」ぶりを強調する両者に対し、おそらく批判的だった。

清河八郎は北国の農民であり「孤士」であった。だからこそ策を弄さざるを得ず、雄弁を武器とした「扇動家」の相貌を帯びたのでもあるが、それに対する同情心が欠けているということであろう。

もうひとつ『回天の門』には刺激的な知見がある。

八郎と「虎尾の会」の同志には、横浜焼打ちと異人斬りの計画があった。それは文久三年四月十五日に実行されるはずであったが、その前々日の四月十三日、八郎は旧知の人に招かれ麻布一ノ橋の上ノ山藩邸に出向いた。相手は板倉勝静ら幕閣と関係のある人物だったから、弟子や同僚はみな止めた。少なくとも護衛をともなうべし、といった。しかし八郎は、あえて単身での訪問に固執した。

その日の朝、八郎はこんな歌を詠《よ》んで高橋泥舟に託した。

魁《さき》がけてまたさきがけん死出の山　迷ひはせまじすめろぎの道

まさに辞世の一首であった。

このとき八郎は、横浜焼打ちや異人斬りは、時勢に合わないどころか絶対に勝てない対外戦争を呼び込む行為だと認識していた。自らが発案し、同志を巻き込んで準備した計画をたやすく中止にはできないが、自分が横死すればそれは可能だ、と思い定めたのではないか。

だとすれば八郎は、斬られるために一ノ橋（いまの港区麻布十番）へ出向いた。そう藤沢周平は考えたのである。

八郎の死から四カ月、文久三年八月十七日、天誅組が大和五条天領の代官所を襲い、代官らを殺した。だが翌日京都で「八月十八日の政変」が起こって天誅組は孤立、やがて壊滅した。指導者であった藤本鉄石、松本奎堂、吉村寅太郎は、翌月までに戦死または処刑された。藤本鉄石は遠い昔の旅の絵師、松本奎堂は昌平黌で八郎と同窓、吉村寅太郎は「虎尾の会」での知己だが、彼らもまた革命の奔流に巻かれて姿を没した「孤士」であった。

清河八郎は藤沢周平の好きなタイプの男とはいえないかも知れない。だが『回天の門』は、作家が万斛《ばんこく》の同情とともに刻んだ北辺の「孤士」の墓碑銘であった。

（文春文庫、二〇一六年三月）

停滞の美しさ、やむを得ざる成長

――藤沢周平『漆の実のみのる国』

一九七六(昭和五十一)年に藤沢周平は、こんなふうに書いた。彼の作品系列のうち、いわゆる武家ものにも市井ものにも属さないもうひとつの流れである歴史小説、その平均百枚あまりの中編四本を編んだ『逆軍の旗』の「あとがき」である。

ありもしないことを書き綴っていると、たまに本当にあったことを書きたくなる。(……)

虚構を軽くみたり、また事実にもとづいた小説を重くみたりする気持ちがあるわけではない。片方は絵そらごとを構えて人間を探り、片方は事実をたよりに人間を探るという、方法の違いがあるだけで、どちらも小説であることに変わりはないと考える。

藤沢周平の歴史小説、より正確には「歴史的事実とされていることを材料に、あるいは下敷きにした小説」のうち、もっとも初期のものは『雲奔る《くもはし》』(『檻車墨河を渡る』を改題)で、七四年秋に書かれた。それは幕末から明治初年にかけて志士として生きた雲井龍雄を主人公とした作品だが、このときはじめて米沢を訪れて取材し、旧米沢藩との縁ができた。藤沢周平は四十六歳、小説一本で立つと決意して永年勤めた会社を辞めた、まさにその年であった。

ひまさえあれば本を読んでいたので「ヒマアレバ」と小学校で渾名《あだな》されたほど読書好きだった藤沢周平は、五年生の頃、雲井龍雄の作とされていた漢詩「棄児行」に接していたから、『雲奔る』は三十五年目の結実であった。同じ時期、彼は白井喬二の小説で上杉家の事跡に親しんでもいたのである。

つづいて翌一九七五年から七六年にかけて、天保期における庄内、長岡、川越三藩の同時転封、いわゆる「三方所替《ところが》え」に抵抗した庄内農民の活動に取材した『義民が駆ける』を書いた。七七年には、庄内の豪農の子で、幕末期最大の奇士・策士と評された清河八郎の生涯を『回天の門』にえがき、ほぼ踵《きびす》を接して小林一茶に注目、『一茶』を書いた。歌人・長塚節を精密な調査のもとに造型したのは少しのち、一九八三年から八五年にかけてのことだった。

藤沢周平が歴史小説の主題としてえらんだのは、みな東北地方、また出身地である山形県につながる話か、そうでなければ農家出身者の物語である。それが彼の姿勢であり、視線のおきかたであった。

七六年はじめ、つまり『義民が駆ける』と『回天の門』の間隙に、中編小説「幻にあらず」が書かれている。それは、上杉鷹山《ようざん》(治憲《はるのり》)とその重臣竹俣当綱《たけのまたまさつな》による、破産に瀕した米沢藩財政再建の物語である。『漆の実のみのる国』の先駆をなしたその作品は、中編小説集『逆軍の旗』に収録された。

藤沢周平は一九七一年、「溟《くら》い海」で作家として登場した。すでに四十三歳であった。文章のうまさ、構成力のたしかさをみとめない人はいなかったが、この遅れてきた新人の作品の読後感は暗かった。いや重たかったというべきだろう。

当時まだ小さかった娘といっしょに動物園へ行き、たまたま通りかかった檻の前で狼たちの遠吠えを聞いて、「狼の持つ孤独と禍々《まがまが》しさ」に強く魅かれたと藤沢周平自身が述懐する時期の傑作は「又蔵の火」である。理不尽な(としかいえない)仇討ちへの情熱に憑かれた若い武士の心情と行動とには、読むものをして粛然たらしめる重たさと無常感とが、ともにあった。

しかし、「幻にあらず」を書いたその年の秋、藤沢周平の作品は転調した。その契機をなした作品は七六年夏から書きはじめられた『用心棒日月抄』、おなじ年の暮れに起稿された『春秋山伏記』の二作で、そこには後年の藤沢周平が体現したなにものか、たとえば東北の風土の明るさ、仕事のリアリズムに支えられた農家の生活のさわやかさといったものが、たしかに表現されていた。そうして彼は多くの読者を獲得し、読者の心を作品によって癒す作家として成熟した。

一九九二年には藤沢周平は六十四歳になっていた。その年彼はもう一度米沢藩と上杉鷹山について書き出し、その作品『漆の実のみのる国』は、翌九三年一月から「文藝春秋」に連載された。

なぜ藤沢周平は二度おなじ素材に挑んだか。

おりしもバブル経済は文字どおり泡のように消え、日本は不況下にあった。再建・改革に名を借りた、企業のいわゆるリストラへの動きが急となり、上杉鷹山がその先達としてもてはやされた。藤沢周平はそんな風潮に反発してそのあまり、鷹山伝説の実情を明らかにしようと志したのだった。彼は反骨の人、静かな闘志の人であった。

もうひとつ藤沢周平には気になることがあった。

「幻にあらず」にも竹俣当綱の同志として儒者兼医師の藁科《わらしな》松伯が登場する。幼少の鷹山に名君の資質を早くから見出した人である。この松伯を、まだ史料を発見していなかった藤沢周平は初老の人だろうと推定し、年齢はしめさないがそのように書いた。しかし松伯は、小説の現在形で三十四歳だった竹俣当綱より八歳も若い青年だったのである。若い改革者の心情を、結果として見そこなってしまった藤沢周平には内心忸怩《じくじ》たる思いが残った。

また米沢藩の知られた事件「七家騒動」に関しても、藤沢周平は研究者の仕事の成果から新しい見かたをのちに知った。江戸も中期にさしかかると藩政の主体は藩主親政から重臣の合議制へと移行し、幕府もそれを追認していた。血筋より治政実効である。ということは米沢藩の七家騒動の場合でも、次第によっては鷹山押し込めの可能性は後世人の予断よりも高かったわけで、そのこともまた藤沢周平の鷹山像再構築への意欲をかきたてた理由のひとつだった。彼は精緻かつ誠実の人でもあった。

宝暦から天明年間(一七五〇—八〇年代)にかけては、全国の諸藩で財政再建への気運が急速に高まった時期である。十八世紀後半、不作年凶作年の出現率が急増した気候の寒冷化は、実は世界的傾向であった。そのうえ米沢藩にとって致命的だったのは、食禄を与えるべき藩士の数が多すぎたことである。

元来百二十万石の上杉氏は、慶長六(一六〇一)年、会津から羽州米沢三十万石に減知・転封され、さらに寛文四(一六六四)年、藩主急逝の際に半知十五万石となった。戦国大名の気組を守るといえば聞こえはいいが、封土は八分の一となったのに軍縮路線に踏みこめず家臣の召し放ちを行なわなかったのは、二度倒産した会社が倒産前の社員を全員雇用しているようなものだから、人件費過剰による財政悪化は当然の帰結だった。

米沢藩の改革は二期に分けられるが、その第一期は竹俣当綱を中心とする明和・安永期(一七六〇—七〇年代)で、明和四年鷹山の藩主就任とともに着手された。その柱はまず倹約、つぎに農民の管理掌握による年貢の確保だった。同時に、漆、桑、楮《こうぞ》など商品作物の植樹が試みられた。ことに漆の実を加工してつくる蠟《ろう》の売立てでは、十年後に一年間の総年貢米売却代金とおなじあがりが期待された。収入倍増計画である。が、おなじ頃西国諸藩もまた農政改革に着手して、熊本藩、松江藩などは櫨《はぜ》の実から精製する蠟の生産に力を注いだ。そして、こちらの方が良質だったから米沢の漆蠟の販路はせばまり、計画は頓挫した。さらに農村の徹底管理は、天明大飢饉に耐える基礎体力を農民から奪って、大幅な人口減少を招いた。

寛政期における第二の改革をになった莅戸善政《のぞきよしまさ》だが、その方法は、より徹底した倹約の緊縮財政と、領外の豪農豪商からの借款による興業で、ことに米沢織の育成を主眼としていた。

しかし、領内産業の育成と藩による専売制は矛盾する政策だった。専売制で買い取り価格を安く固定すれば、生産が沈滞するのは自然ななりゆきである。米沢藩でものちには、ある程度の剰余を農民にみとめる現実政策に転換したが、その資金を成長しつづける商業資本や潰れ百姓の土地を併呑しつづけて封建制の基礎を崩す豪農から借り入れるというのは、突き動かしがたいさらに大きな矛盾であった。

江戸初期における封建制の理想は、「名君」や「賢臣」が思い描いた「仁政」であった。それはすなわち、天道にのっとった朱子学的秩序の確立、そして自給経済の停滞的安定ということである。しかし非生産的寄生階層となった武士を多数養わなければならないとすれば、米沢藩ならずとも武士という存在そのものが停滞的安定への道をはばむ。一方、市場経済の活性化は武家政権の自己否定以外のなにものでもなかったから、結局改革は革命にまで至らなくては完了できないのである。

すなわち明治の革命は嘉永六(一八五三)年に発祥したのではなかった。平和時の封建制下でやむを得ず、しかし自然成長する経済、その姿があきらかになった寛文年間(一六六〇年代)には早くもその道筋は暗示され、竹俣当綱の時代、明和・安永期には、もはや確固として動かしがたいものとなっていたのである。

私たちが藤沢作品に、とくに海坂藩《うなさか》をめぐる物語に憧れの気分を抱きつつ読みとるものは、実に、停滞の美しさなのである。

若い下級武士たちの清涼な挙止と女たちのさわやかなたたずまいとが織りなす小説は、おさえがたい経済成長の流水の上に描かれた一幅の絵であるということもできる。

藤沢周平はそういった矛盾を承知の上で物語を造型しつづけた。それは、詩の上に現実を置き、さらにその上に別の新しい詩を書きつけるといった、周到で巧みな、そして哀しいまでに美しい仕事であった。

明治十一(一八七八)年夏、単身地図もない東北地方を旅行した四十六歳の勇敢な英国婦人イザベラ・バードは、新潟から山越えの長い辛苦の旅の果てに米沢盆地にたどり着いた。米沢盆地の細やかに整然たる農地のありように驚嘆した彼女は、そこを「日本のアルカディア」と呼んだ。それは上杉鷹山の苦闘のあとであった。農民たちのたゆまぬ努力の成果であった。

一九九四年末から藤沢周平は体調の不良に苦しんだ。遠い昔、結核の手術の際の輸血から感染した肝炎が発症したのである。九六年三月、二十期十一年つとめた直木賞選考委員を辞任し、国立国際医療センターに入院した。

『漆の実のみのる国』はその年の四月号から連載を中断していたが、入院中も彼の執筆意欲は衰えず、回復したら生涯はじめての書きおろし小説として石川啄木を書くことを構想していたし、『漆の実のみのる国』はあと二回分四十枚、長くとも三回分六十枚で擱筆するつもりだった。

しかし退院しても体力の回復ははかばかしくなく、九六年七月、『漆の実のみのる国』の末尾六枚分を階下の食卓で書きあげた。もはや二階の書斎にはあがれなかったのである。

原稿の郵送を依頼された夫人が意外に思い、念押しをすると、藤沢周平は「これでいい。このまま本にしてもいいし、雑誌に載せてからでもいい」と答えた。原稿を受取った編集者は、作家の回復を信じていたから、六枚の原稿を掲載する気にはとうていなれず、保管することにした。しかし、やはり予定されていた数十枚はついに書かれず、それが最後の原稿となった。

藤沢周平は一九九七年一月二十六日、六十九歳を一期として長逝の途についた。


（文春文庫、二〇〇〇年二月）

封建の花

——群ようこ『馬琴の嫁』

『馬琴の嫁』の主人公は瀧澤馬琴の長男・宗伯の嫁、土岐村氏路(みち)である。お路さんは文化三(一八〇六)年生まれだから、明和四(一七六七)年生まれの馬琴の三十九歳下、夫宗伯の九歳下である。生家は江戸市中の漢方医で、歌舞音曲と猫の好きな家風であった。

瀧澤家への嫁入りは文政十(一八二七)年春、二十一歳のときで、当時の女性としては遅かった。もっとも宗伯は三十歳、こちらは男性としても遅い。このとき馬琴は六十歳、その畢生《ひっせい》の大伝奇小説『南総里見八犬伝』に着手して十四年、ちょうど中間点に達したところであった。

嫁に入って驚いた。瀧澤家の家風があまりに実家と違っている。義父馬琴は戯作に心を砕くばかりではない。家政のすべてを細ごまと指図する。自家の下肥《しもごえ》は近郊の農家と契約して、それで育てた野菜を代価として受取るのだが、例年は茄子三百本なのに今年は二百五十本とはなにごとだ、許せん、と本気で怒る。お百姓は、お宅のはウスいからという。節倹がすぎて下肥にも力がないといいたいのだが、馬琴は、決めごとは決めごと、とあくまで正論をつらぬいてやまない。げんなりしたお百姓は降参して、茄子三百本をおさめることになる。

馬琴はこの時期、副業を営まぬ純粋な原稿料生活者である。ベネディクト・アンダーソンいうところの「印刷資本主義」が世界に先がけて成立した成熟期封建制下の江戸で、やはり世界に先がけた職業作家として門戸を張っている。

とはいうものの、千部も売れれば好成績という「読本《よみほん》」世界の作家として、一本の筆で二本の箸と、いや一家七人、十四本の箸と苦闘している。部数がはけないのは木版本だからだ。挿画のよしあしが売行きを左右したから木版本でなければならなかったのだし、本は貸本屋に卸されて広く回覧、回読されたのである。

馬琴はケチというのではない。筋をとおさなくては気が済まず、小説であれ家事であれ、細部を大切にしすぎる性格、闘士型体形の粘着気質であった。ゆえに妥協という世知になじまない。因業《いんごう》な地主の隣家と始終争う。路からは、どちらもどちらとしか見えぬが、馬琴は真剣である。女中を手ひどく叱る。働きぶりがよくないという。

いまどきの娘はがまんということを知らぬ、と怒る。あまりのうるささに、女中はぷいと出て行く。馬琴の日常の何分の一かは女中たちとの「戦い」に費やされる。

路としては、どんな女中であれ、いてくれないと家事をまわせないのだが、馬琴はあくまでも厳格だ。その厳格さ細かさは、版元や版元のお使いにも向けられる。馬琴はのべつまくなしに腹を立てている。

こういう義父が、あの『南総里見八犬伝』のような破天荒な想像力を発揮すること自体、信じられない。人の脳髄とは、つくづく不思議だと思う。あるいは小説というものが不思議なのか。

馬琴は明和四(一七六七)年、深川の下級武士の家に生まれた。五男であった。次男以下は入り婿の口に恵まれるか、手に職をつけて自立するしかない。武家の臨時奉公の口もないではないが、要するに「派遣」である。

前途に光明を見出せぬ馬琴は十七歳のとき、江戸市中を放浪、一時は無頼の徒にまじったり、その大きな体を見込まれて相撲取りになったりした。二十三歳で、ときの一流戯作者山東京伝《さんとうきょうでん》の門を叩き、二十四歳で版元蔦屋重三郎《つたやじゅうざぶろう》の家僕となったが、二十六歳のとき辞した。蔦屋が、親類の吉原仲の町の茶屋の娘との縁談を持ちかけたとき、痩せても枯れても武士身分と憤然として拒絶、蔦屋を去ったとされるが、馬琴は元来である。編集者向きの人ではなかっただろう。まして遊里の茶屋主人など、どう転んでも無理である。

それでも人には身の置きどころがなくてはならない。二十六歳で三歳年長の会田氏百《ひゃく》と結婚、現在の九段ホテル・グランドパレスの斜向《はすむ》かい、中坂下《なかざか》に家を構えて雑貨屋を営んだ。それは会田氏の財力をあてにした就職的結婚であっただろうが、体が大きいわりに神経が細かく、帳付けもできた馬琴だから、店だけではなく、近隣の借屋の差配人としても有能だった。落語に出てくる「大家さん」である。かたわら、戯作者たらんとする初念をつらぬいて精進した。

文化四(一八〇七)年、四十歳のとき『椿説弓張月《ちんせつゆみはりづき》』前編を発表して人気作家の地位を確立した。それは強弓の名手である貴種、源為朝が琉球や伊豆七島を流離巡歴する雄大な物語であった。

『南総里見八犬伝』着手は文化十一年、馬琴四十六歳のときであった。

長禄元(一四五七)年、安房《あわ》の国の豪族里見義実《よしざね》は安西景連《かげつら》の軍勢に攻められ、敗色濃い。義実は苦しまぎれに、景連を殺したら娘伏姫《ふせひめ》をやろう、と犬の八房《やつふさ》にいう。伏姫はこのとき芳紀十五歳であった。その八房が、なんと景連の首をとってきた。妖犬八房は約定に従って伏姫を背に乗せ、悠然と去る。

富山《とやま》山中の洞窟に住んだ八房は、伏姫の法華経唱誦を聞くうち情欲を失う。だが翌年春、伏姫は犬の気に感じて妊娠、恥じた伏姫が懐剣を突立てた腹中から、仁・義・礼・智・忠・信・孝・悌、八つの輝く珠がはじけ出して八方に散った。これらの珠の刻印を受け、別々の時と場所に生誕したのが八犬士である。

八犬士のうち四犬士は翌長禄三年に生まれた。二犬士は長禄四年、一犬士は寛正六（一四六五）年、最後の一人は遅れて文明七（一四七五）年に生まれた。この八犬士が互いをもとめて、冒険を重ねながら各地を漂泊する。

五犬士が妙義山で偶然つどったのは文明十年、八犬士全員が里見氏ゆかり、結城《ゆうき》の古戦場でついに会し得たのは文明十五年である。八個の珠の飛散からここまで二十五年、物語発端の結城籠城戦からなら四十三年を要している。このとき七犬士は十八歳から二十四歳までだが、最年少の犬士はまだ八歳の幼童であった。里見軍の中核となって管領軍に勝利した八犬士は合戦の二年後、里見氏の八姫と結婚する。だが明応九（一五〇〇）年、八犬士の持つ珠の文字と体の痣《あざ》が消失、彼らは富士に隠棲し、やがて仙化する――。

馬琴は原稿を書きつづける。お路さんは家事をたゆまずこなしつづける。馬琴という異常な才能を生んだ反動なのか、馬琴の長男である亭主は神経質で病弱で、三十八歳で早世する。結婚生活わずか八年である。あらぬ妄想から嫉妬心にかられた義母は、路を実家に帰せ、と馬琴にいうのだが、すでにお路さん抜きでは瀧澤家はまわらなくなっている。

超人馬琴も老いる。

総入れ歯となり、六十六歳からかすみはじめた目が、天保十一(一八四〇)年七十三歳のときにはまったく見えなくなった。『八犬伝』完成は馬琴の宿願である。生きた証しである。いかんともしがたい状況での最後の希望が、お路さんに口述筆記を頼むことであった。

お路さんは聡明な人である。が、いくら聡明でも、当時の女性は真名《まな》(漢字)は読まず、書かない。それは男性教養人の専有物である。しかしお路さんは天保十二年正月、『八犬伝』第百七十七回から筆記を開始する。不可能としか思われぬ無謀な試みであった。

「那時《かのとき》遅し這時《このとき》速し、渦《うずま》く潮水《うしお》に波瀾《なみ》逆立《さかだち》て、百千万《ももちよろづ》の白小玉」「数万《すまん》の金蓮金華《きんれんきんか》と変じて赫奕《かがやく》」

こんな文章を、目に一丁の漢字なき女性が書いたのである。教えるも涙、教えられるも涙の苦闘を、明治四十(一九〇七)年、二十九歳の鏑木清方《かぶらぎきよかた》は一幅の絵となした。

それは、日頃より狷介《けんかい》・吝嗇《りんしょく》・非協調の老人が、芸術表現に没入して、雄渾豪宕《ゆうこんごうとう》にして波乱万丈、まさに妖夢のつづれ錦のごとき物語を吐き出す「虚実冥合《きょじつみょうごう》」の絵画化であった。幾年か前、瀧澤の家はとてもつとまらぬとあきらめかけたお路さんに、「あなたのそのご苦労は報われますぞ。あなたの苦労は世のためになる苦労だ」といった占い師の言葉が成就した、その瞬間の定着であった。

『水滸伝』に想を得た『八犬伝』は、初集刊行からまる二十八年、天保十三年に完結した。伝奇小説の烽火《ほうか》、デュマ『三銃士』に二年先立つこの世界的傑作の完成に、お路さんはまさに奇跡のごとく貢献した。

「世のためになる苦労」を厭《いと》わせぬ覚悟と力量とを併せ持つ彼女のような人格を生んだのは、成熟期封建制下の社会、いいかえれば日本型近代の時代精神であった。お路さんこそ「封建の花」であった。

群ようこは、はじめての時代小説を書くにあたって、お路さんを主人公に選んだ。炯眼《けいがん》と思う。

儒学者・安井息軒は馬琴より三十年あまり遅れて生まれ、明治九年まで生きた。安井夫人のお佐代《さよ》さんは文化九年生まれだから、お路さんの六歳年少である。彼女が死んだのは息軒よりずいぶん早く文久二(一八六二)年、ちょうど五十になる年で、こちらはお路さんにわずか四年遅れた。

森鷗外は、醜男《ぶおとこ》の息軒に生涯つかえて不満のなかったお佐代さんが、死に臨んだときの心事を、こう忖度《そんたく》した。

お佐代さんは必ずや未来に何物をか望んでいただろう。そして瞑目《めいもく》するまで、美しい目の視線は遠い、遠い所に注がれていて、あるいは自分の死を不幸だと感ずる余裕をも有せなかったのではあるまいか。その望《のぞみ》の対象をば、あるいは何物ともしかと弁識していなかったのではあるまいか。(「安井夫人」)

義父の死の翌年、長男を若くして失ったお路さんは不運だった。

馬琴のつけた日記を受継いで、最後まで瀧澤家の人として生きた彼女は、あるいは、自分が世界的伝奇小説の完成に寄与して「世のため」となった事実に気づかなかったかも知れない。ただ義父の役に立てたことをのみ、ひそかな誇りとしただけかも知れない。

しかしお路さんは、後世の作家群ようこが自分の事跡を追い、かつ自分が愛した仁助をはじめとする猫たちのことを忘れずしるしてくれたことを喜びとして、どこか遠い場所でしずかに微笑している、私にはそう思えてならないのである。

（講談社文庫、二〇〇九年十一月）

日常の明るい闇

——山田太一『逃げていく街』

山田太一は一九六五年、三十一歳のときテレビドラマの脚本家として私たちの前に登場した。間もなくNHKの朝の連続ドラマを二本書き、テレビ界での地位を築いた。彼は、ホームドラマと呼ばれたジャンルで劇的な緊張感をもたらす作品をあいつぎ発表し、世人の心胆を、いわばほのぼのと寒からしめた。一九七六年からは小説を書き、一九八三年からは戯曲にも手を染めた。

彼の筆致はあくまでも尋常である。しかしその主題の選択は貪欲で、ダイヤローグはリアルである。私は山田太一を二十世紀後半の代表的な文学者であると考えているのだが、文学とは小説だけではない。テレビドラマの脚本も戯曲も含まれる。その背後に批評する精神と歴史意識をともなう日本語表現が文学である。ジャンルを選ばず、表現を立体的に行ない得ることそのものが現代文学のになない手たる条件である。

平生あまりテレビを熱心には見ない人をもひきつけ、かつ衝撃を与えたのは一九七三年『それぞれの秋』であった。

それは、あるサラリーマンの家庭の物語だった。堅実に勤めていた中年サラリーマンが突然脳腫瘍になる。手術をすれば回復するのだが、一時その人格は変質する。脳腫瘍ではときに避けがたい症状である。

始末の悪いことには、彼の奇矯と見える言動と行動には、普段抑制していた深層の願望が噴出していて、主人公がつぶやく「物語」はドラマの中の家族のみならず、視聴者をも慄然《りつぜん》とさせたのである。そこには「身も凍るような真実」の響きがあった。何を考えているかわからない他人は本来とてもコワいものであるが、家族もまたコワいのだと思わせる切実さがあった。

当時、テレビにはまだ二十年ほどの歴史しかなかったが、その画面上に映し出されるドラマは人生をリアルには描写してはならないという約束事が、すでに暗黙のうちに成立していた。あまりにも急速に普及したため、テレビは日常に入りこむ外界というより、もはや日常そのものと化してしまっていたからである。おのずと毒は遠ざけられ、リアルな物語は重荷にすぎた。だいたいテレビは見るものではなかった。生活上の瑣事《さじ》をこなしながら、ときどき眺めるものとなりかわっていた。

山田太一が松竹を辞めてテレビ界の人となった一九六五年にヒットしたテレビドラマは『七人の孫』だった。好評のため『ただいま十一人』がつづけてつくられたが、これらには向田邦子が参加していた。しかし、中流の上の大家族ドラマは、当時の日本の現実の反映とはとうていいえなかった。大家族だから登場人物も多数多彩で、ひとりひとりが担わなければならないドラマ上の責任は軽かった。したがって家庭と家族の維持への責任も細分化されるわけで、そこには家族が小さな局面では平和に争い、しかるに大きな局面では大家族であることが現実の社会から隔絶された一種のアジールとして機能する、そんな絵空事の気持よさがあった。

いいかえれば、逃避先をテレビにもとめなければならないほど核家族化は進行し、高度経済成長下の日本の家庭は溶解しかかっていたのである。しかるに戦前的家庭像を懐かしむことはタブーとみなされていた。戦前は当時すべて悪であり、「個人の確立」「自由の追求」のみが絶対善という空気におおわれていた。そんな時代に山田太一は家族とサラリーマンの家庭の実像を、その渦中にある人々に示したのだから、これは「事件」であった。

日本に「勤め人」という階層が成立したのは大正中期、一九二〇年代である。彼らは大衆の高学歴化とともに成長した。戦争で一時伏流したものの、一九五〇年代から六〇年代にかけて「サラリーマン」階層は急速に力を得て、七〇年代に至ると日本そのものを「会社化」するほどの勢力となった。

戦後このかた日本人に禁じられたナショナリズムのエネルギーが、すべて「会社」と「仕事」と、それから家庭の容《い》れものであるところの「土地と家」にふりむけられたかのようだった。

サラリーマンは、山田太一の言葉を借りれば「家庭という土地の不在地主」だった。とすれば「主婦」は「不在地主を代行する差配人」である。

山田太一は、その主婦を主人公にして一九七七年、『岸辺のアルバム』という恐るべきドラマを書いた。「不在地主」に悩みや苦しみがあるなら、「差配人」にもそれは当然あるだろう。そのうえ自由と余暇こそが問題の水源なのである。

無難なひまつぶし、怠惰な時間の経過を提供するメディアだと考えられていたテレビに、このような主題を持ちこむ山田太一という作家に私は驚嘆した。同時に、つぶすべきひまがある者たちを不当に憎み、怠惰でも生きていける世の中に怒りを禁じ得なかった二十代の私は、この作家の才能をうらやみもしたのである。

家族はあらたにつくられる。家族は成長する。家族には全盛期がある。しかし全盛期があれば衰退を迎えるのもまた世のならいで、それはコドモがオトナになるときにやってくる。そして家族は解散する。それは松竹大船の映画が、とくに木下恵介がシュガーコートしながら説得力をもって語ったことであるが、山田太一自身もそのようなリアリズムを身をもって味わったようである。

山田太一は浅草に生まれ、大家族の中で育った。だが兄ふたりは病気で死に、母親をも早くに失った。父親は苦労して食堂をひらき成功した人だが、戦時中の強制疎開ですべてをなくした。しかし生活力のある彼は疎開先に根づいて再起すべくつとめた。山田太一も思春期から高校卒業までを家事をこなしながらその土地ですごした。曲折の末に父親の店がうまくいったため、とても無理だと思っていた大学へ、八人きょうだい中ただひとり、行ってもいいといわれた。

「でも受験に失敗。けれど一年遅れて入った大学(早稲田大学)で、寺山修司さんと同級になった。書いていたのが韻文と散文という違いを超えて、付き合いました」

山田太一はあるインタビューで、こんなふうに語っている。

山田太一は若い頃小説を書いていたのである。しかし、彼の持前の現実的実証的態度による小説は、進歩主義が主流であった一九五〇年代には評価されなかった。彼が再び小説を書くのは二十年後の一九七六年である。それが『岸辺のアルバム』で、その翌年、新聞連載小説をみずからドラマ化したのだった。

インタビューはさらにつづく。

「卒業して松竹の助監督になったんですが、その前年は助監督の募集はなかった。そもそも応募したのも、教員採用試験の日を間違えてしまい、それからでも受けられるところ、ということで」

「人生の、そうですねえ、七〇パーセントくらいは、自分の力ではどうにもならないこと、その時にはプラスともマイナスともわからないもので形作られているのではないでしょうか」(朝日新聞、一九九八年九月二十五日夕刊)

山田太一作品に、私はときに諦念のようなものを感じる。しかし、その背骨をつらぬいているものは、おだやかな反骨、微笑の下の剛情とも形容すべき「物語」への強靱な意志である。

一方、生涯をかけて平凡さを嘲笑しつづけたともいえるのが寺山修司である。寺山修司のような人物は、たとえば『早春スケッチブック』(一九八三年)の癌で早死にするカメラマン像にあざやかに造型されているのだが、そこには平凡な人の平凡な営為に対する愛惜もしっかりと書きこまれている。こちらには作家自身とその父親の影が見られる。そうして作家は、どちらがプラス、どちらがマイナスともいわないのである。まことに人生とはそういうものかも知れない。

山田太一作品でやや異質さを感じさせるのは、日常に「物語」を持ちこんであえて波紋を起こす人のドラマで、『真夜中の匂い』(一九八四年)、小説『冬の蜃気楼』(一九九二年)が代表的である。ここでの「物語」は、非日常といいかえてもいい。マツリとか芝居とか、あるいはたんにウソといいかえてもいい。

ウソは危険だからそういう人間は最初警戒される。しかし芝居はたのしいから、つぎには歓迎される。が、マツリはいつか終らなくてはならないから最後には放逐される。それは「物語」の宿命でもある。

ここにも寺山修司的なものがあるが、むしろその母胎となったのは映画の世界での体験だろう。

山田太一は木下恵介の流れを正統に汲《く》む人だといえる。木下恵介は怒濤のような日本の近代化に懐疑を抱きつづけた人である。とくに戦後、日本人の文化的自己否定が流行した時期にそれは強まった。

「イエスとノーをはっきりいうほど単純ではないし、強けりゃいいとも思っていないし、自我を持つことが何よりなどと無邪気には思えないし、なにについても意見を持つなどということのいかがわしさも知っている」

そんな日本の普通の生活者の感覚を汲みとった木下恵介の考えと作品とは、もともと「戦後民主主義の闇のなさ、浅薄さにも反感のようなものを抱いていた」山田太一に、たしかにひとつの方向を示したのだと思う。

山田太一はその持てる力をすべて「物語」に注ぎこむことを旨としているようで、いわゆるエッセイをあまり書かない。しかしひとたび書けば、たとえ短文であっても力の抜けたものはひとつもないのは、言語表現に対して不誠実でいることができないからである。このエッセイ集『逃げていく街』にも山田太一の本質はよくあらわれている。文章も会話も、それから実際の表情もとても温和なのに、実はスリリングなことを鋭く語っている作家、温顔の鬼のごとき表現者の秘密を解く鍵が多くしのばせてあるという意味で、この本は貴重である。

（新潮文庫、二〇〇一年三月）

彼女の、意志的なあの靴音

――須賀敦子『ヴェネツィアの宿』

一九四三(昭和十八)年三月のある夜、十四歳の須賀敦子は、南麻布の高台にある家の窓からなかば身を乗り出すようにしておもてを見ていた。

春だな、と彼女は思った。それは、皮膚に感じられた外気の暖かさと、部屋の一隅に置かれた小さな丸テーブルのコップにさしたミモザの花のかおりから自然にさぐりあてた感情であり、言葉であった。

つぎの瞬間、「きっと、この夜のことをいつまでも思いだすだろう」という考えが、あざやかに彼女の脳裡を走り抜けた。それは啓示のようだった。

須賀敦子は、その死の直後に出版された『遠い朝の本たち』にこう書いた。

ミモザの匂いを背に洋間の窓から首をつき出して「夜」を見ていた自分が、これらのことばに行きあたった瞬間、たえず泡だつように騒々しい日常の自分からすこし離れたところにいるという意識につながって、そのことが私をこのうえなく幸福にした。たしかに自分はふたりいる。そう思った。見ている自分と、それを思い出す自分と。

須賀敦子は一九二九年、阪神間で生まれた。父親は文学好きの会社経営者で、母親はユーモアを人間の最大の価値と考える士族の娘だった。須賀敦子が八歳のとき一家は東京へ移り南麻布に住んだが、彼女は関西でも東京でも同じ修道会が経営する女子校にかよった。戦争末期に再び阪神間に帰り、一九四五年、高等女学校を四年で繰り上げ卒業になった。翌年やはり同系列の専門学校に入学、のちに聖心女子大学に進んだ。

彼女の少女期、それは戦争に向かって進む暗い時代ではあったにしろ、日本が穏やかな懐かしさを誘うなにものかを宿していた時代でもあった。彼女の父親はちょうどベルリンオリンピックの頃、単身世界一周旅行に出掛けたことがある人で、のちのちまで長くヨーロッパの思い出を語って飽かなかった。しかしその後はついに国外に出ることがなかった。

戦後、彼女は専門学校入学のとき東京の焼け跡の寄宿舎に入ったのだが、そこは「東洋と西洋、十九世紀と二十世紀、戦前と戦後というういくつかの文化の相違から生まれる無理や矛盾がごたごたと入りみだれ」る場所だった。彼女の周囲には幼い頃からヨーロッパというものがあった。ヨーロッパ文化と親しみ、ヨーロッパ文化との相克に悩みつつ成長する、彼女はそういう環境のなかにあり、その後の「彷徨」はあらかじめ決められていたようでもあった。

大学を卒業すると一時慶応の大学院に籍を置き、自ら強く望んで一九五三年、パリへ留学した。二年後に帰国し、NHKに勤めた。

しかし一九五八年、二十九歳のとき、つてを得てイタリアへ再び留学し、ローマからやがてミラノへ移った。そこで結婚してミラノに根をおろしたのも、夫に若くして先立たれ、一九七一年に帰国することになったのも、みな思いもかけぬことだった。結局彼女のヨーロッパ滞在は前後十五年あまりにおよんだ。

彼女もその父に似て、あるいは父以上に文学好きだった。少女期からはヨーロッパの文学をとりわけ好んだ。だが、自分の意志をつらぬいて留学した理由は、それだけではなかった。「女が女らしさや人格を犠牲にしないで学問をつづけていくには、あるいは結婚だけを目標にしないで社会で生きていくには」という悩みは、一九五〇年代に二十歳代であった日本の知的な女性たちに共通するものだった。その回答を得るためには、あるいは回答を先のばしするためには、とりあえず日本から避難することが必要だったのである。

意志の人であり、向上心に貪欲な人であった彼女は、こうあるべき自分というものをつねにイメージしていた。それは理想といわないまでも、高く設定された目標だった。そしてそれは高跳びのバーのように、彼女自身の手によっていつもひそかに上げられたのである。

パリの寮ではカティアというドイツ女性と同室になった。当時二十代なかばだった須賀敦子より十二、三も歳上で、公立中学校の先生を辞めてきたのだという。

そのカティアがいった。

「しばらくパリに滞在して、宗教とか、哲学とか、自分がそんなことにどうかかわるべきかを知りたい。いまここでゆっくり考えておかないと、うっかり人生がすぎてしまうようでこわくなったのよ」

私には、これはまるで須賀敦子自身の口から発せられた言葉のように思えるのである。彼女は見かけよりも、あるいは本から読みとる印象よりもずっと強情な人だった。友情をもとめながらも孤独を恐れない人であった。しかしそれ以上に「うっかり人生がすぎてしまう」ことを許さない人であった。そういう人だからこそ、堅牢に積み上げられたヨーロッパ文明のただなかに、日本人がまだ外国へ出ることさえ困難だったあの時代に、ひとり分け入って行く勇気を持ち得たのだった。私はいまもはっきりと彼女の魅力ある笑顔を思い出す。と同時に、石畳を蹴って歩くその意志的な靴音を、あざやかに聞きとることができる。

晩年のある時期、私は朝日新聞の書評委員会で彼女と同席していた。帰りには「黒塗りの車」つまりハイヤーがひとりひとりに出るのだが、彼女はそれに乗ることをいやがった。「ああいうものに平気で乗るセンスとずっと戦ってきたのよね」と私にいった。その言葉は気負いなくさらっと発声されたのであるが、私は少し驚きつつ、温厚な表情の裏側にひそむ強いなにものかに触れた気がした。

彼女は「お上」や「当局の方針」を憎んだ。それは、そういうものにふりまわされる経験をへた戦中派の意気地のようであった。

マスコミであれ作家であれ、エラそうな態度をとるものを嫌った。他人の人生を左右しようとするすべての圧力に対して強く反発した。そんな彼女でも、ヨーロッパ文明の厚い堆積のただなかに迷いこんだように思えて気弱になることがあった。そんなとき、彼女に力を与えたのは、サン＝テグジュペリのつぎのような言葉だった。

建築成った伽藍内の堂守や貸椅子係の職に就こうと考えるような人間は、すでにその瞬間から敗北者であると。それに反して、何人《なんぴと》にあれ、その胸中に建造すべき伽藍を抱いている者は、すでに勝利者なのである。（堀口大学訳『戦う操縦士』）

ローマの学生寮のマリ・ノエルという修道女が一九五九年に語った言葉もまた、くじけかける彼女を、精神の奥深いところで支えた。

「ヨーロッパにいることで、きっとあなたのなかの日本は育ちつづけると思う。あなたが自分のカードをごまかしさえしなければ」

一九七一年、日本の父が亡くなった翌年、彼女は帰国した。やがて上智大学で外国人留学生たちに日本文学を教えながら、八〇年代なかば頃から翻訳の仕事を活発に行なうようになった。イタリア時代の六〇年代、すでに川端康成、谷崎潤一郎、石川淳などの小説をイタリア語に翻訳していたが、このたびは外国文学を日本語に置き換えることをもっぱらとした。

しかし、彼女が作家として出発するためにはさらに時を待たなければならなかった。

一九九〇年に『ミラノ　霧の風景』を発表したとき、彼女はすでに六十一歳になっていた。九二年には『コルシア書店の仲間たち』を書き、そして九三年、ヨーロッパと日本とで過ぎ去った時間そのものを柔い糸のように扱って一見奔放に、しかし実際はきわめて緻密な手ぎわをもって織りあげた『ヴェネツィアの宿』を書いた。それはひと口にいって、融和と和解の物語だった。

ヴェネツィアのホテルの一室、天窓から流れこんできた音楽と、音楽会のあとの人々のざわめきは、なめらかに彼女を時の流れの遡行へと誘った。ヨーロッパ文明との接触の不安と感動があった場所へ。日本の親しいものたちがたたずんでいた場所へ。彼女はこの本で、ほとんどはじめて日本を、ことに戦前の日本を追体験した。

ここで描かれるヨーロッパは石の建造物を中心とした風景のなかにある。それは彼女を感嘆させ、ときに恐れさせたヨーロッパ文明の結晶体である。人物はその風景のなかに点々と配置されているようだ。一方日本の描写では、人のたたずまい、人との関係のたたずまいそのものが風景である。そして、時間は自在に彼女の内部で往還して現在は過去にすんなりと移り、また過去は継ぎ目をまったく感じさせず現在に貫入する。

そのような方法の発見、それ自体が彼女の「失われた時」との融和であり、過ぎ去ってしまった人々との和解の表現であった。結果、『ヴェネツィアの宿』は一種の教養小説の、または父と娘の文学の傑作となって、いま私たちの机上にある。

視線を高くあげ、表現に欲深でもあった彼女は、つねづね「まだ書きたいことがあるのに時間が足りない」といい、「いままでの仕事はゴミみたいなものだから」と自分に対しても辛辣な言葉を明るく口にした。しかし、「まだまだ」とはいいつつ、「あの四冊は、書けてよかった」とつぶやいたことがあった。「あの四冊」とは『コルシア書店の仲間たち』『ミラノ 霧の風景』『ヴェネツィアの宿』『トリエステの坂道』のことである。『コルシア書店の仲間たち』にはイタリア時代の友人たちが描かれたが、残る三冊には、偶然とはいえ、須賀敦子の父が遠い昔、オリエント急行で旅し、幼い彼女に繰り返し誇らしげに語ってくれた街の名前が冠されていたのだった。

十四歳の須賀敦子は、「たしかに自分はふたりいる」「見ている自分と、それを思い出す自分と」と思った。そのとき彼女は自分が将来作家になるだろうと予感した。作家になるしかない自分をはっきりと認識した、といいかえてもよい。だが、予感どおりに作家活動を開始するのは、五十年近くものちのことになった。

彼女は一九六〇年代のすべてをミラノですごした。それは世界的な激動の十年間であり、ミラノも例外ではなかった。「数えきれないカップルが生まれ、あわただしく破綻をむかえた」たまり場のカフェがあり、一九六八年からは政治抗争が激化して「仲間たちを苦しい対立に追い込んだ」のであるが、彼女が後年作家たるためには、長い長い時の経過がもたらす熟成のみならず、はげしすぎるほどの大衆化の波に洗われた六〇年代日本への不在という条件が必要だったように思われる。それだから彼女は、戦前的な由緒正しい教養の筋目をはずれることなく、またいたずらに文学を疑う流行からも身を避けて、修道女マリ・ノエルの言葉のごとく、自分のカードをごまかさずに自分のなかの日本を育てることができたのである。

登場したそのときからすでに完成された作家であった須賀敦子は、わずか八年間だったが「うかうかと人生をついやす」気配などみじんも見せず、旺盛な創作意欲を示しつづけて珠玉のごとき作品群を生み落とした。なのに突然、人にはとうてい忘れがたい記憶をとどめたというのに、自身はあの意志的に響く特徴ある靴音とともに、「アスフォデロの白い花が咲く忘却の野」を、ひとり足速に歩み去ったのである。一九九八年三月二十日早朝であった。

（文春文庫、一九九八年八月）

年を歴《へ》た鰐について

――山本夏彦『美しければすべてよし――夏彦の写真コラム』

わたしは作家・山本夏彦をただ文字の上だけで知っていたとき、この人はこわい先生のようだと思っていた。

山本先生の授業のある日はさぼるわけにはいかない。遅刻しても教室にこっそり入って行く。叱るわけではない。休めば成績を悪くつけるわけでもない。なのに生徒たちは妙に緊張している。

なにを教えているかというと、なにも教えていない。ただ低いよく聴きとれない声でなにごとかを喋っている。世の中のことなどどうでもいいという態度で、いかにも年若いものが嫌いなふうだが、そのわりには途切れずよく喋る。生徒たちは聴こえにくい声のはしばしに、ときどき気になる言葉を拾ってなにやら居心地悪く、ときに人生の素肌に触れた思いがして内心索莫たるを禁じ得ない。

その言葉は独創ではなく昨今の流行ではない。

「歓楽極まって哀情多し」「人は五歳にしてすでにその人である」「人みな飾っていう」「春秋に義戦なし」、みな古人が人の世の常識を記して磨いた、おもに漢語混じりの言葉だが、少年にも思い当たるところはある。しかし、こうして十文字ばかりで截《せつ》然《ぜん》とされてしまうと、これから生きていかなければならない何十年がなんとなくむなしく、なるほどとは思いつつも、よるべない思いに襲われるのである。

こういう言葉は毒だと子供も知っている。しかし毒には魅力があることもわかる。不親切であるにもかかわらず、この先生の教室にはみな不思議によく出席するのだが、その人気は生徒になつかれ囲まれるような、いわゆる民主的な人気ではない。

三十代もおわりになって、つまりこの人の言説を気にしはじめてから四、五年してわたしは本物の山本夏彦を見た。そのとき、「先生」というイメージを「温顔の鰐《わに》」にあらためた。言葉に情け容赦のないのはあいかわらずだが、わたしはこの鰐には実は血も涙もあるのだということを知った。病んで亡くなったその人の奥さんについて記した一文は哀切きわまるものである。その短い文章にはひとつとして不要なところはなく、とうてい一部を引用して紹介することなどできないから、読みたい人は探して読まれるとよい。

自分はもう半分死んだ身で、生きている人とその世間を見物している、むしろ死んだ人こそが友で、本人はほとんど五十年前百年前の世の中に生きているつもりだとつねづねいう年を歴《へ》た鰐を、先日ひさしぶりに遠目に見た。それは「囲む会」と名づけられ、全国から鰐のファン二、三百人がつどった席だった。彼は一段高いところに着座して、まわりには彼好みのおとなの美女たちが連なっていた。まるで生ける花束のようだった。半分死んでいるわりには嬉しそうで、わたしは彼もまた人の子かと思い、かすかに安堵したのだった。

十代のなかば頃、わたしは父の書棚にあった伊藤整の『日本文壇史』をつまみ読みしていた。それはおもに明治二十年代から四十年代まで、その時代に生きた文芸家たちの日常の行動と日常の発言だけを何千枚と記してある奇妙な本なのだが、そんな本に興味を持った少年も、まあ若干奇妙である。

一九六〇年代の日本社会は、戦争から前のものはすべて駄目、戦前は悪で明治は悪を生んだ親だから学ぶべきものなどなにひとつないとする空気に満ちていて、わたしも時代の子だから異存はなかった。

それにしては伊藤整の筆致は妙に気にかかった。いわゆる文芸評論ではなく文芸史研究でもなく、もはや遠いむかしに死んだ明治の青年たちが、あたかもいま生ける人のごとく描いてあるから、少年でも旧カナと正字の古色蒼然たる印象に圧倒されず読み得たのだった。

わたしはこのとき有名無名の多くの人を知った。そして鷗外・漱石よりも啄木・二葉亭、啄木・二葉亭よりも夜雨《やう》・抱一庵《ほういつあん》などという人に、怖さ不気味さ半分で親しんだ。

横瀬夜雨は難病に苦しんだ詩人、原抱一庵はビクトル・ユーゴーの紹介者として一時知られ、のちに狂して三十八で死んだ文芸家である。抱一庵は病院に入る前、縦書の長い手紙を赤色のインクで左から書いた。自分がなにをおもしろがったのかはよくわからないが、読みながらむかしの人もいまの人もかわりない、ひょっとしたら人間は進歩などしないのではないかと、おのれをからめとっていた戦後思潮に束の間疑いを抱いたことは覚えている。

それから長い間、わたしはそのことを忘れて過ごし、三十なかばに至ってにわかに思い出した。自分の持時間の半分はたしかに費やされた、そういう実感と関係があると思う。文字どおり自縄自縛だった自意識の結び目もいくらか緩み、わずかに人生を相対化できるようになっていた。

そうなれば、それまで興味を持つこと薄かった他人の人生もやや親しく思える。ただし修業がおよばないから、あるいはまだ欲があるから、いま生きている人に近づくのはなかなか難しい。なくて七癖、言葉のはしばし、表情の険、体臭口臭までが気になって仕方がない。つまらない行違い、ありがちな誤解も、なまじ双方が生きているから生まれる。

その点むかし死んだ人はいい。どうしても生につきまといがちなうるさい部分、気にさわる癖はすっかり剝げ落ちていて、その人をその人として見られる。だいたい彼らは金を借りにこない。

明治が去って八十年、しかるにその時代と人をつぶさに見れば、やっていること考えることに差はなく、生活上の利便の向上は人を賢くしないものだとわかる。人間には進歩という概念は適用できないのではないかと十代に漠然と抱いた疑いは、ついに二十年後には確信となった。そして、もとはといえば自分が嫌いで人嫌いになったはずなのに、そのよってきたるところは忘れ果てて、以後はもっぱらむかし死んだ人とつきあおうと勇躍したのだった。

ところがその同じ頃、わたしは山本夏彦の原稿に出会った。むろん、それ以前から読んではいたのだが、やはりこれはおとなにならないと身にしみない文章である。いちおうそうなった眼で読めば、今度はひるがえって身にしみすぎる文章である。

生きている人と死んだ人を私は区別しないが、世間の人は区別するというより区別しすぎる。私が生きている人より死んだ人と親しいと言うと、なかば私を死んだ人の仲間のような目で見る。

以下、わたしが自分のオリジナルだと思っていたことが記してある。そのうえ短文なのに委曲をつくしてある。人間の考えることに独創などないのだと落胆すれば、つぎのくだりにはそのおなじことが書いてある。

「人生は些事《さじ》から成る」「百年間は同時代」

むかしは読んでも忘れていたフレーズが、いちいち腑に落ちるのがしゃくにさわる。二十年もかけてひとり苦労してやってきたつもりだったのに、どこへ行っても山本夏彦の言葉が、あの読みにくい文字で記してあるようだった。

南極点にようやくたどりつき、すでにアムンゼンに先を越されたと知って失意したスコットの気分、という誇大な形容をこの際は許していただきたい。山本夏彦が極点に、あるいは他の至るところに記したその言葉はよくわかる。しかし同時に、人間はどうせ死ぬのになんで勉強しなくちゃいけないんですか、とむかし無邪気かつ切実な調子で尋ねていた「子供電話相談室」の声が頭のなかに響いて、一種のやるせなさに襲われるのでもあった。

山本夏彦は一九八九年『無想庵物語』を上梓した。亡父の友で、のちに著者の年長の友人となった文人、武林無想庵の伝記である。伝記としても第一級の仕事だが、実はこれはひとの伝記にかたちを借りた自伝であり、第一級の文芸である。

七十歳をすぎて、まったく新しいものを書くとは普通ではない。とても「死ぬまでの退屈しのぎ」とは思えない。こういう前向きな力量を見せられると、読者として常日頃持たされた「やるせなさ」はどうしたものか。ラーメンを食べ終わらないうちに屋台が行ってしまい、路上にどんぶり鉢といっしょにとり残された、そんな感じである。やはりこの人のへそは曲っているのだろうか。

へそ曲りはつむじ曲りの素人でありに初心者でありにせ物であります。（……）本当のつむじ曲りは自分はつむじ曲りだなんて思っていません。（……）故に人につむじ曲りだといわれるのを恥じて、みなりも言葉もつとめて尋常にします。その義務があります。

ああいえばこういうのである。

しかし、さすがにきのうきょうの「へそ曲り」にあらず、五歳にしてすでに曲っていたつむじの持主のいうことは、悔しいけれどもみな肯綮《こうけい》にあたっているのである。

山本夏彦を「鰐」と書いたのは、この人が遠いむかし、いちばん最初に出した本『年を歴た鰐の話』からとった。それは翻訳と銘打たれてはいるけれども、ほとんど本人の創作と思えるほど残酷で哀しい、つまりいかにも山本夏彦らしいおとなのための童話である。そして「人は五歳にしてすでにその人」ならば、作家は処女作にその持つ資質の片鱗をおのずとあらわしているはずだ。

いまパーティの席上、花束のような美女たちに囲まれて満ち足りたようすの老人は、十代でフランスに暮らして洋の東西の別を問わず人のすることにかわりはないと見切って帰り、以来六十年「憮然として東京を去らない」鰐である。

芸に志があって、そのためにむかし愛する友を食べてしまった鰐である。そのことをくよくよと思い悩み、ついにはそれも仕方のない仕儀だったのだとあきらめた鰐である。

ずいぶん多くの人と物とを見物し、見物しながら月にいく度か笑っているうちに年を歴て、いまでは読者にたてまつられるごとくになったが、もう自分は半分死んだものだからと、今度は自分で自分を見物して辛うじて心安んじている鰐である。

というふうなことをひそかに考えながら、長らく鰐に見物の仕方を教えてもらっていたわたしが、その日はじめて鰐そのものをしみじみと見物したのだった。

（新潮文庫、一九九三年六月）

努力して「老人」、普通に「老青年」

――阿川弘之『南蛮阿房列車』

内田百閒《ひゃっけん》『阿房列車』は名作として名高い。

「阿房」は阿呆ではない。秦の始皇帝の「阿房宮」にちなむ。要するに壮大な無駄遣いから転じて、用事のない汽車旅ということだ。百閒は六十一歳のとき「小説新潮」一九五一年一月号に『阿房列車』第一回を書き、以来十四回、都合九十日におよぶ「無用の汽車旅」を不定期連載して、五七年、六十七歳で終った。

「阿房列車」第一回「特別阿房列車」は、第三列車、すなわち東京・大阪間を八時間で結んで国鉄が戦前の水準に戻った証しである特急「はと」に乗って大阪まで行き、また同じ列車で引き返してくる話である。百閒はたしかに汽車好きであったが、この場合、汽車に乗って「懐かしい戦前」に行きたかったのだろう。

一九五三年三月十五日に山陽本線の線路上で、阿川弘之と内田百閒は偶然すれちがっている。「戦後初めて山陽本線に登場した特急『かもめ』上り6列車に乗って、私がいい心持で東行した日、同じ『かもめ』の下り5列車で、百閒先生がすれちがいに、幻の如く山陽道を西へ下って行かれた。それがのちの『春光山陽特別阿房列車』である」（『南蛮阿房列車』のうち「欧州畸人特急」）

阿川弘之は三十二歳、三井汽船の海外航路貨物船に特別に横浜から乗せてもらい、五日後に門司で下船した。門司から広島へ引き返し、広島で特急「かもめ」に乗って大阪まで行った。特急試乗者の一般公募に応じたが落選、コネを頼って「仲間に加えて」もらったのだが、百閒との接近遭遇はのちに知ったのである。そして下りの「かもめ」で二日後、広島まで引き返した。

このときの体験を書いた短文、「特急『かもめ』」が阿川弘之「汽車旅」原稿の濫《らん》觴《しょう》ではないか。この原稿を目にとめたのが汽車旅好き作家第二世代、当時は隠れキリシタンのごとく趣味を隠しつつ中央公論社で編集者をしていた宮脇俊三であった。

「汽車の随筆読んでるが、わりに面白い」

一向面白くないような陰々滅々たる顔つきで、

「ついては、乗りもの関係のあんたの随筆を、うちで一冊にまとめてみたい」（『南この経緯を阿川弘之は以上のごとく書いた。しかし宮脇自身は、たしかに自分は阿川さんの乗りもの随筆に注目したが、こんなにルードな口調で話すわけはない、といっている。こういう読者サービスが阿川先生である。というより、乗りもの趣味、汽車好きなどは「児戯」にひとしいことだから、ゆかしくあらねばという態度の表れなのだろう。五八年、この原稿を冒頭に置いた『お早く御乗車ねがいます』は中央公論社から刊行され、はるか後年、中公文庫に収録された。初期随筆『空旅・船旅・汽車の旅』『乗りもの紳士録』も同じ道をたどったが、みな明るい色調の名著である。

百閒という偉大な先達があったから、子ども時代から年季の入った汽車好きである阿川弘之は汽車旅の話を書くことを長くためらっていたという。

しかし「いっそよその国で阿房列車を運転してみてはどうだろう。折ある毎《ごと》に外《と》つ国々を訪れて汽車に乗り、南蛮阿房列車を書く――」そういうことなら百閒と抵触しまい。そう考え、一九七五年から八二年まで世界を旅して二十本の原稿を書いた。著者五十四歳から六十一歳までである。

その第一回「欧州畸人特急」は百閒とおなじ「小説新潮」七五年六月号に掲載された。「畸人」とはその旅の同行者、北杜夫、遠藤周作二氏をさしているが、五十を過ぎても汽車に乗れば機嫌がよくなる自分もまた「畸人」だと考えての命名と思う。

百閒は岡山、阿川弘之は広島、ふたりとも山陽本線の列車を見、走行音を聞いて育った人だ。戦前の山陽本線には特急「富士」、特急「桜」といった「欧亜連絡」列車が走っていた。東京を発して下関まで行き、関釜連絡船で釜山へ。さらに朝鮮鉄道で京城、新義州を経て奉天。奉天からは満鉄(南満州鉄道)でハルビン。ハルビンでシベリア鉄道に乗り換えれば十五日目にパリへ着いた。それはある時代の頂点を象徴する旅路であった。

百閒は一八八九(明治二十二)年生まれで阿川弘之の三十一歳年長、文学上の師と慕う夏目漱石『三四郎』の主人公の三歳ばかり年少である。

一九〇七年、熊本五高を出た小川三四郎は夏の終り、東京帝国大学文科大学に入学するために上京する。その長い汽車旅の車中を明治末年の世相として、漱石はていねいに、しかしくどさを感じさせずえがいた。そのだいたい三年後、六高を出た百閒は岡山から同じ経路をたどって上京した。

以来、汽車に乗るのが大好き、「目の中に汽車を入れて走らせても痛くない」という百閒だが、用事があって乗るのはまったく好まない。また一人では汽車に乗らない。両方とも「沽券《こけん》」にかかわると思っている。

「元来私は動悸《どうき》持ちで結滞《けったい》屋で、だから長い間一人でいると胸先が苦しくなり、手の平に一ぱい冷汗が出て来る」「遠い所へ行く一人旅なぞ思いも寄らない」(『阿房列車』のうち「特別阿房列車」)

神経質な「王様」なのである。同行者、または「家来」は法政大学時代の教え子で、当時国鉄広報誌の編集をしていた平山三郎である。ヒラヤマはヒマラヤに通じるから百閒は「ヒマラヤ山系」とか、たんに「山系」と呼んだ。

旅のはじめには、東京駅で平山と待ち合わせた。

「うしろから近づいて行って、ステッキの握りで頭を敲《たた》いたら、振り返った」(「区間阿房列車」)

威張るのは老人の義務、横着は文士のあるべき姿と心得ているようだ。

しかし人気の特急「はと」に乗るつもりなのに、座席の予約をしていない。「先に切符を買えば、その切符の日附が旅程をきめて、私を束縛するから」だという。「純文学原理主義的汽車旅」である。

果たして切符は売り切れていた。「何が何でも是が非でも、満員でも売り切れでも、乗っている人を降ろしても構わないから、是非今日、そう思った時間に立ちたい」と、わがまま、かつせっかちな百閒はいう。そこで平山三郎を先に立てて駅長室に行き、「今日の第三列車の一等を二枚、お願い出来ませんでしょうか」というと、どこかへ電話したのち、「御座いました」となった。そして乗車。

「車中ではむっとして澄ましていたい」が見送られたりすると「僕は元来お愛想のいい性分だから、見送りを相手にして、黙っていればいい事を述べ立てる。それですっかり沽券《こけん》を落とす」（「鹿児島阿房列車」）

汽車が動き出せば、食堂車に移動して酒を飲む。長い酒だ。飲みながら、もっぱら平山三郎に説教する。彼は汽車好きというより、車中で飲む酒が好きだったようだ。

「阿房列車」の旅のすべてに平山三郎は同行し、平山の上司で「目白三平」シリーズで知られる小説家でもあった中村武志が毎回東京駅ホームに見送っている。国鉄も広報タレントとして百閒を活用していたのである。

乗車前に列車の全編成を外から眺める。乗車したら、キロポスト間の所要時間で走行速度をはかる。対向列車との予定どおりの行き違い、すれ違いがとても気になる。

こういったことは百閒と阿川弘之に共通する。しかしその余では相違が多い。阿川先生にも同行者がいることが少なくないものの、先生は同行者に威張らない。説教しない。普段は「瞬間湯沸かし器」とあだ名されるほど短気だが、汽車に乗っていれば、おおむね機嫌がよい。同行者とは作家仲間や編集者のほかに、山の神(奥さん)、海の神(年の離れたお姉さん)、長男甚六(尚之さん)、娘(佐和子さん)などだが、どちらかといえば年甲斐もない趣味と同情され、うるさがられている。

三十代前半までの先生なら、理不尽・非能率に出会えば、英語でも火を噴くように怒ったが、五十四歳から六十一歳までの『南蛮阿房列車』の旅ではそんな気配はない。

「お父さんの英語聞いてると疲れるよ。イディオムや前置詞の使い方がああ滅茶苦茶じゃ、自分でも困るでしょ」とアメリカ留学の息子さんにいわれ、「いいえのう、わたしア一つも困りゃあしません、困ったのは向うじゃもん」と移民一世のおばあさんみたいな感慨をもよおして怒りをおさめがちである。

『南蛮阿房列車』運転の最初の年、七五年はことに活動的で、「畸人たち」との欧州旅行から帰ったのち、アフリカへ行った。ナイロビからマダガスカルに飛び、そこで可愛い機関車の牽く列車を堪能した。さらにナイロビに戻ってお隣の国のダル・エス・サラームへ飛び、タンザニアのモシ行きの汽車に乗った。

百閒はまだ六十一歳なのに、懸命に老人としてふるまおうとした。そして実際、

「老文士」として遇された。六十五歳以上が全人口の二八パーセントとなった現在では信じられないことだ。

しかし阿川弘之の場合は違う。もとより「純文学的汽車旅」ではなく、むろん老人をよそおうわけでもなく、しいていえば「老青年」のように開放的で明るい。

汽車好きが、なにかにつけ狭量、雑知識の収集と吐露に血道をあげるような、百閒とは正反対の「幼児性」に彩られている現代では、阿川弘之の「汽車もの」はまことに貴重な文学だろう。本書『南蛮阿房列車』をはじめとする乗り物関係の著作は、彼の純文学、海軍提督もの、志賀直哉評伝などに優るとも劣らない傑作、そのように私は信じている。

（中公文庫、二〇一八年一月）

ここに文学がある

――阿川弘之『天皇さんの涙　葭《よし》の髄《ずい》から・完』

『天皇さんの涙』は一九九七年から著者が執筆した「文藝春秋」巻頭コラムの集成、その四冊目である。一冊目は通しタイトル『葭の髄から』を踏襲した。二冊目は『人やさき　犬やさき』、三冊目は『エレガントな象』と命名された。本書には、二〇〇七年三月号から二〇一〇年九月号まで、著者八十六歳から八十九歳までの分を収録した。

前々作『人やさき犬やさき』に、二〇〇二年、四十七歳で突然亡くなられた高円宮の「伝記刊行委員会」に委員のひとりとして出席したときの挿話がある。錚々たるメンバー中に小説家はひとりだけだったから、乞われて伝記風作品を書くにあたっての心構えのようなものを話すことになった。

著者は概略つぎのような話をした。

「第一は、説明せずに描写せよといふことです。美しい花、美しい花と、いくら書いても、読む方は美しいと感じません」

「第二は、捨てる勇気を持てといふことです。行き届いた取材をして、資料や関係者の談話が豊富に集まれば集まるほど、その一つ一つに愛着が生じ、捨てるのが惜しくなります。だけど、これを片つ端から取り入れてゐると、味が濁るのです」

「第三は」「本すぢから脱線して、脇道へそれて道草を食ふのです」「長い道中、その道草が馬を養ひ、馬の体格を豊かにします」

そろそろ終りにするつもりでふと見ると、委員たちの何人かがメモを取っている。「こんな晴がましい席で、光栄といふか、面映ゆいやうな情景だつたが、驚くと同時に「ははア」と思つた。委員会に名前を列ねる各界の人々、多くが私よりずつと新しい世代で、私どもが若年の頃有形無形の教へを受けた昔風の、文士らしい文士をもう知らないのだ」「それで、私どもには半分常識の、昔、耳にたこが出来るほど吹きこまれた古い執筆心得が、今どき却つて新鮮に聞えるらしい」

私にも新鮮で、この部分をとくに熟読した。同時に、師承の文学伝統を少なからず軽んじていた自分を恥じた。

このシリーズ全体を貫くものは古い文士の、その古さへの誇りである。

もうひとつ印象的だった事柄をあげれば、歴史的人物、とりわけ敗戦時に首相をつとめた鈴木貫太郎とその妻への高い評価だ。

著者は一九七九年から一九九〇年まで、都合八十四回にわたって行われた旧日本海軍将校たちの「水交座談会」のうち、十数回に陪席傍聴してノートを取った。ほぼ同時期の、百三十一回におよんだ「海軍反省会」はある程度知られているが、「座談会」の方の記録はまだ整っていない。「座談会」は「反省会」と異なって敗戦の責任を問うのではなく、中央の要職にあったり在外駐在武官だったりした海軍将校たちが、日常どんな仕事をしていたかを語ってもらうのが目的であった。

終始司会をつとめた大井篤元大佐が、鈴木貫太郎について語っている。

(海軍側の極秘終戦工作を担当した高木惣吉海軍少将でさえ)鈴木総理に全面的信頼は置いてゐなかつた。言ふことがその日その日でがらりと変るから(……)卓叩いて東條そつくりの徹底抗戦論を唱へたりするんだもの、あの真に迫つた韜晦ぶりには高木さんですら最後までだまされてたのかも知れません。その一見態度曖昧な首相が、時到るや阿吽の呼吸で陛下の「聖断」を導き出し、急転直下一気呵成に戦争終結の大業を成し遂げてしまふんです。

一九四五年四月、新任の鈴木貫太郎首相は敵国大統領ルーズベルト死去の報に接すると、弔電を打った。ドイツでは誰も考え得なかったことをあえて実行した。海軍式のフェアプレー精神の発露というにとどまらず、これも「終戦工作」への遠い布石であった。

この九年前の一九三六年二月二十六日早朝、侍従長であった鈴木貫太郎は反乱軍に自邸で襲われ、銃弾四発を受けた。うち二発は頭部と心臓部を、貫通または盲管していた。

「トドメ、トドメ」の声に、「武士の情けです。とどめだけは私に任せてください」と襲撃部隊の指揮官、安藤輝三大尉に堂々かけあって承知させたのは、たか夫人であった。兵らが立ち去るやいなや、夫の止血措置をほどこした彼女は、宮中に電話して医師派遣を要請した。

たか夫人は二十二歳のときから、三十一歳で当時海軍少将であった十六歳年長の鈴木貫太郎の後妻となるまで、迪宮《みちのみや》裕仁親王(のちの昭和天皇)の御養育係をつとめ、親王の信頼篤い人であった。鈴木貫太郎など重臣を殺傷したことのみならず、たか夫人を無体に苦しめたことへの怒りも、二・二六事件の反乱軍に対する昭和天皇の態度の根底にあっただろう。

文字どおり九死に一生を得た鈴木貫太郎は戦争末期、七十七歳の首相として、大井篤大佐の言葉を借りれば「俗に言ふ政治力なんかとは次元のちがふ力」を発揮して終戦に持込み、民族の滅亡をきわどく回避することになるのだが、この奇跡はたか夫人によって準備された。

シリーズの第二冊目『人やさき　犬やさき』には、司馬遼太郎『坂の上の雲』の中に探し物をして、つい八冊全部を読んでしまったという一節がある。『坂の上の雲』は伝記的作品執筆の要諦のひとつ、「道草」の雄大さを特徴とする作品だが、著者の探し物はその六冊目で見つかった。明治三(一八七〇)年生まれの著者の父は、ロシア語通訳官として日露戦争に従軍したが、その所属は秋山好古少将麾下の騎兵第十四聯隊であった。

父の名が出てくるわけではない。ただ「関連する一、二の些末事が、作中どう書いてあるか確かめて置きたかつた」と著者はしるすのだが、父親が日露戦争に従軍したという歴史的事実に読者はまず圧倒される。つぎに、明治改元の翌々年に生まれた父の息子が大正九(一九二〇)年の生まれで、まだ近代化後二代目でしかないと思うとき、明治は遠いのか近いのか考え込んでしまうのである。

「文藝春秋」連載の十三年間も短くはない。

同欄連載十年におよんだ前任・司馬遼太郎は一九九六年二月に突然亡くなった。その一年後に執筆依頼にきた社長は、七十六歳の著者が、いつまで連載すればいいのかと尋ねると間髪を入れず「蓋棺録」まで、つまり死ぬまでと答えた。十三年間の連載中に編集長は五代かわった。しかし筆者はかわらなかった。

阿川先生の汽車好きはつとに知られるところだが、船好きでもある。この連載中、少なくとも二度クルーズに出掛けた。一度目は、シンガポールからイスタンブールまでの船旅、二度目は地中海周遊である。

めでたいことだけではない。これも少なくとも二度、したたかに転倒した。一度目はハワイで、二度目は自宅玄関で。両方ともしばし意識を失った。二度目では休載にこそしなかったが、やむなく生まれてはじめて口述筆記をした。それ以外の原稿はみな、芯の柔らかな鉛筆で書かれたのである。

そうこうするうち旧知の友はみな先に逝く。年下の友も世を辞する。

「思ひもよらず我ひとり、選に洩れて爾来十年」の感慨をことさら強く抱いたのは、著者の師であった志賀直哉の没年、八十八歳八カ月を超えたときであろう。

本書の末尾近くに置かれた興味深い読み物「水交座談会」は、著者が陪席した分のノートのデータはそのまま、工夫して再構成した架空座談会である。それがどれほど精神的体力を消耗させる仕事であるかは、書き手なら誰でもわかる。さらに単行本化にあたって、八節あったこの項目を五節分に構成し直した。そのため百六十一節が、単行本と文庫版では百五十八節になっている。この苦労も身にこたえたことだろう。

天人だって五衰する。まして地上の人ならば。

「大袈裟な噎《む》せ方が始まる。よだれが垂れる。手先が震へる。眼はかすんで、目尻にいつも涙と目脂がたまつてゐる」と阿川先生は、自らの五衰のようすを書かれた。これに転倒と失禁が加われば、「凡ゆる事がめんどくさ」く、「門ニ終日車馬無ク終年静カナリ」の境地に憧れられるのも無理はない。ついに二〇一〇年夏、八十九歳九カ月で筆を擱かれた。

九十年の時間も、主観的には「邯鄲の枕の夢」にすぎないとあるが、この四冊の本には、昭和戦前のピークであった一九三七、八年の「桜吹雪の春の宵」から、茶色い戦争、戦後の復興と画一的「民主化」運動の猖獗、さらには「第二の敗戦」を疑われる現代まで、個人の歴史と世の歴史の重なりがぶ厚く語られている。

阿川先生といえば癇癪も広く知られるところだが、この四冊を通し、それが感じられるところはない。自制されたのか、加齢に洗われたものか。読者として気づいたのだが、鈴木貫太郎の年下の賢夫人への賛仰に近い記述は、実は阿川夫人へのひそかな感謝の反映ではなかったか。だとすれば、やはりこれは文学である。ここにこそ文学がある。

（文春文庫、二〇一三年七月）

あとがき

私が原稿料で生活するようになったのは一九七八年、二十八歳のときで、以来さまざまな種類の原稿を書いてきた。いわゆるノンフィクション原稿、小説、雑誌のコラム、書評、マンガのシナリオなどだ。

みな「生活のため」と「おもしろそうだから」という動機で書いたのだが、「生活のため」だけではとてもつづかない。もともと興味がないものに対しては、読み返すのも恥ずかしいほどへたくそなのだ。

そんな反省をしながら、一九八五年からは文庫本の「解説」という品目が加わった。それまでに多くの「解説」を読んできたが、なるほどと感心するもの、そうかと教えられるものにめぐりあった反面、何を「解説」したいのかわからない書きものも少なくなかった。

では自分はどうか。その作品、その作家が「おもしろそうだから」という動機に念入りな読みを加えれば、読者を刺激する原稿が書けるのではないか、やってみようと大胆に考えたのは、若くもあり、若くもない三十五歳という年齢のゆえだっただろうか。

そのとき「解説」を依頼された本は、浮谷東次郎『俺様の宝石さ』の文庫版であった。

千葉の豊かな家に生まれた浮谷東次郎は、中学三年生のとき、五〇ccの外国製小型バイクで当時の悪路を走って市川・大阪間を往復、『がむしゃら一五〇〇キロ』と題した本を書いた。つづく『俺様の宝石さ』は、物おじしない性格の彼がモータースポーツを学ぶためにアメリカ留学した体験記である。四輪に転向した彼は、二十一歳で日本のレース界で注目され、二十二歳のとき日本グランプリで優勝した。しかし、二十三歳になってひと月後、鈴鹿サーキットでの練習中に事故死した。

天才肌というより努力の人であった浮谷東次郎は、その同世代の若いレーサーたち同様、敗戦による萎縮や悔恨とは縁を持たず、むしろ戦前という時代の上流家庭の明るさと奔放さを引き継いだ存在で、私の通俗な戦後観をかえた。「解説」には「発見」があると私は感得した。

伊藤整の力作『日本文壇史3』の文庫化の「解説」では、樋口一葉に注目した。彼女は、たんに不運な天才ではなかった。文学で樋口家の生活を支えようと試みた果敢な女性であり、小説をベンチャービジネスと考えた先駆者と見て、そのように「解説」した。

森鷗外『舞姫』は日本人留学生とベルリンの踊り子との悲恋の物語だが、鷗外はこの小説を陸軍軍医部への「始末書」として書いたのだろうと考えた。別便ではあったものの、鷗外の指示で相手の女性が来日した一件は当時のスキャンダルであったが、なぜ自分が当地の女性との恋をあきらめたのか、小説のかたちで弁明した勇気と技倆に私は圧倒され、そのように書いた。

一九六〇年代なかば、伊丹十三『ヨーロッパ退屈日記』は日本の高校生にとって衝撃であり、キザを芸にするなら、ここまで行かなければならないのだと思い知る体験であった。伊丹十三は、比較文化エッセー、映画の演技、テレビ番組のプロデュース、雑誌編集、映画監督、なんでもできる人であった。なんでもできるが、やがてなんに対しても飽きずにはいられない人でもあった。初読時には感心しながら、そんな一抹の不安を感じたが、「解説」を書くための再読でも、やはり同じ感想を持った。

その後も私は、編集者が選んでくれた本の「解説」を書きつづけた。それはたしかにおもしろかったが、なかなか面倒な仕事でもあった。その面倒さと苦労には、「買い切り原稿」である「解説」は経済的に見合いにくいという不遇感も含まれていた。

しかしこのたび『文庫からはじまる』のタイトルでそれが一冊にまとめられることになり、長年の鬱屈は解けた。

歳月は流れ、結果相当な数にのぼった「解説」から掲載に値すると思われる稿を選別する厄介な作業に従事してくれた本書の編集者に深い感謝の念を表する。

二〇二五年一月

関川夏央

＊本書は岩波現代文庫のために新たに編集された。底本を以下に記す。

関川夏央『「解説」する文学』（岩波書店、二〇一一年）　明治二十年代「金《かね》の世《よ》」における職業としての文芸／「切実な自己表現」としての文芸評論／向上心こそ力であった時代／歴史を記述する方法と技倆／梯子の下の深い闇／封建の花／日常の明るい闇／彼女の、意志的なあの靴音／年を歴《へ》た鰐について

関川夏央『文学は、たとえばこう読む　「解説」する文学Ⅱ』（岩波書店、二〇一四年）　鷗外が眺めた「燈火の海」／崖下の家の平和と不安／明るくて軽快な国木田独歩／彼はむかしの彼ならず／「繁昌記」という名の挽歌／文学に「退屈」する作家／昭和四十二年の「違和感」／個性的日本人が描く個性的日本人群像／停滞の美しさ、やむを得ざる成長／ここに文学がある

原民喜『原民喜戦後全小説』（講談社文芸文庫、二〇一五年）　網膜に焼き付いた風景

中央公論新社編『対談　日本の文学　作家の肖像』（中公文庫、二〇二三年）「日本の文学」刊行と一九六三年という時代

「文藝春秋」（二〇二二年十二月号）　回想の山田風太郎

藤沢周平『回天の門』（文春文庫、二〇一六年）「孤士」の墓碑銘

阿川弘之『南蛮阿房列車』（中公文庫、二〇一八年）　努力して「老人」、普通に「老青年」

文庫からはじまる ―「解説」的読書案内

2025年3月14日　第1刷発行

著　者　関川夏央《せきかわなつお》

発行者　坂本政謙

発行所　株式会社 岩波書店
〒101-8002 東京都千代田区一ツ橋 2-5-5

案内 03-5210-4000　営業部 03-5210-4111
https://www.iwanami.co.jp/

印刷・精興社　製本・中永製本

ISBN 978-4-00-602366-9　Printed in Japan

岩波現代文庫創刊二〇年に際して

二一世紀が始まってからすでに二〇年が経とうとしています。この間のグローバル化の急激な進行は世界のあり方を大きく変えました。世界規模で経済や情報の結びつきが強まるとともに、国境を越えた人の移動は日常の光景となり、今やどこに住んでいても、私たちの暮らしは世界中の様々な出来事と無関係ではいられません。しかし、グローバル化の中で否応なくもたらされる「他者」との出会いや交流は、新たな文化や価値観だけではなく、摩擦や衝突、そしてしばしば憎悪までをも生み出しています。グローバル化にともなう副作用は、その恩恵を遥かにこえていると言わざるを得ません。

今私たちに求められているのは、国内、国外にかかわらず、異なる歴史や経験、文化を持つ「他者」と向き合い、よりよい関係を結び直してゆくための想像力、構想力ではないでしょうか。

新世紀の到来を目前にした二〇〇〇年一月に創刊された岩波現代文庫は、この二〇年を通して、哲学や歴史、経済、自然科学から、小説やエッセイ、ルポルタージュにいたるまで幅広いジャンルの書目を刊行してきました。一〇〇〇点を超える書目には、人類が直面してきた様々な課題と、試行錯誤の営みが刻まれています。読書を通した過去の「他者」との出会いから得られる知識や経験は、私たちがよりよい社会を作り上げてゆくために大きな示唆を与えてくれるはずです。

一冊の本が世界を変える大きな力を持つことを信じ、岩波現代文庫はこれからもさらなるラインナップの充実をめざしてゆきます。

（二〇二〇年一月）

岩波現代文庫［文芸］

B307-308
赤い月（上・下）
なかにし礼

終戦前後、満洲で繰り広げられた一家離散の悲劇と、国境を越えたロマンス。映画・テレビドラマ・舞台上演などがなされた著者の代表作。〈解説〉保阪正康

B309
アニメーション、折りにふれて
高畑勲

自らの仕事や、影響を受けた人々や作品、苦楽を共にした仲間について縦横に綴った生前最後のエッセイ集、待望の文庫化。〈解説〉片渕須直

B310
花の妹 岸田俊子伝
―女性民権運動の先駆者―
西川祐子

京都での娘時代、自由民権運動との出会い、政治家・中島信行との結婚など、波瀾万丈の生涯を描く評伝小説。文庫化にあたり詳細な注を付した。〈解説〉和崎光太郎・田中智子

B311
大審問官スターリン
亀山郁夫

自由な芸術を検閲によって弾圧し、政敵を粛清した大審問官スターリン。大テロルの裏面と独裁者の内面に文学的想像力でせまる。文庫版には人物紹介、人名索引を付す。

B312
声の力
―歌・語り・子ども―
河合隼雄
阪田寛夫
谷川俊太郎
池田直樹

童謡、詩や絵本の読み聞かせなど、人間の肉声の持つ力とは？　各分野の第一人者が「声」の魅力と可能性について縦横無尽に論じる。

2025. 3

B313
惜櫟荘の四季
佐伯泰英

惜櫟荘の番人となって十余年。修復なった後も手入れに追われ、時代小説を書き続ける毎日が続く。著者の旅先の写真も多数収録。

B314
黒雲の下で卵をあたためる
小池昌代

誰もが見ていて、見えている日常から、覆いがはがされ、詩が詩人に訪れる瞬間。詩人は詩をどのように読み、文字を観て、何を感じるのか。〈解説〉片岡義男

B315
夢十夜
近藤ようこ漫画
夏目漱石原作

こんな夢を見た――。怪しく美しい漱石の夢の世界を、名手近藤ようこが漫画化。描き下ろしの「第十一夜」を新たに収録。

B316
村に火をつけ、白痴になれ
伊藤野枝伝
栗原康

結婚制度や社会道徳と対決し、貧乏に徹しわがままに生きた一〇〇年前のアナキスト、伊藤野枝。その生涯を体当たりで描き話題を呼んだ爆裂評伝。〈解説〉ブレイディみかこ

B317
僕が批評家になったわけ
加藤典洋

批評のことばはどこに生きているのか。その営みが私たちの生にもつ意味と可能性を、世界と切り結ぶ思考の原風景から明らかにする。〈解説〉高橋源一郎

2025.3

2025. 3

岩波現代文庫[文芸]

B323
可能性としての戦後以後
加藤典洋

戦後の思想空間の歪みと分裂を批判的に解体し大反響を呼んできた著者の、戦後的思考の更新と新たな構築への意欲を刻んだ評論集。〈解説〉大澤真幸

B324
メメント・モリ
原田宗典

死の淵より舞い戻り、火宅の人たる自身の半生を小説的真実として描き切った渾身の作。懊悩の果てに光り輝く魂の遍歴。

B325
遠い声
―管野須賀子―
瀬戸内寂聴

大逆事件により死刑に処せられた管野須賀子。享年二九歳。死を目前に胸中に去来する、恋と革命に生きた波乱の生涯。渾身の長編伝記小説。〈解説〉栗原 康

B326
一〇一年目の孤独
―希望の場所を求めて―
高橋源一郎

「弱さ」から世界を見る。生きるという営みの中に何が起きているのか。著者初のルポルタージュ。文庫版のための長いあとがき付き。

B327
石の肺
―僕のアスベスト履歴書―
佐伯一麦

電気工時代の体験と職人仲間の肉声を交えアスベスト禍の実態と被害者の苦しみを記録した傑作ノンフィクション。〈解説〉武田砂鉄

2025.3

岩波現代文庫［文芸］

B328
冬の蕾
―ベアテ・シロタと女性の権利―
樹村みのり

無権利状態にあった日本の女性に、男女平等条項という「蕾」をもたらしたベアテ・シロタの生涯をたどる名作漫画を文庫化。〈解説〉田嶋陽子

B329
青い花
辺見　庸

男はただ鉄路を歩く。マスクをつけた人びとが彷徨う世界で「青い花」の幻影を抱え……。災厄の夜に妖しく咲くディストピアの〝愛〟と〝美〟。現代の黙示録。〈解説〉小池昌代

B330
書聖王羲之
―その謎を解く―
魚住和晃

日中の文献を読み解くと同時に、書作品をつぶさに検証。歴史と書法の両面から、知られざる王羲之の実像を解き明かす。

B331
霧の犬
―a dog in the fog―
辺見　庸

恐怖党の跋扈する異様な霧の世界を描く表題作ほか、殺人や戦争、歴史と記憶をめぐる終わりの感覚に満ちた中短編四作を収める。終末の風景、滅びの日々。〈解説〉沼野充義

B332
増補 オーウェルのマザー・グース
―歌の力、語りの力―
川端康雄

政治的な含意が強調されるオーウェルの作品群に、伝承童謡や伝統文化、ユーモアの要素を読み解く著者の代表作。関連エッセイ三本を追加した決定版論集。

2025. 3

B333
六代目圓生コレクション
寄席育ち
三遊亭圓生

圓生みずから、生い立ち、修業時代、芸談、噺家列伝などをつぶさに語る。綿密な考証も施され、資料としても貴重。〈解説〉延広真治

B334
六代目圓生コレクション
明治の寄席芸人
三遊亭圓生

圓朝、圓遊、圓喬など名人上手から、知られざる芸人まで。一六〇余名の芸と人物像を、六代目圓生がつぶさに語る。〈解説〉田中優子

B335
六代目圓生コレクション
寄席楽屋帳
三遊亭圓生

『寄席育ち』以後、昭和の名人として活躍した日々を語る。思い出の寄席歳時記や風物詩も収録。聞き手・山本進。〈解説〉京須偕充

B336
六代目圓生コレクション
寄席切絵図
三遊亭圓生

寄席が繁盛した時代の記憶を語り下ろす。各地の寄席それぞれの特徴、雰囲気、周辺の街並み、芸談などを綴る。全四巻。〈解説〉寺脇 研

B337
コブのない駱駝
―きたやまおさむ「心」の軌跡―
きたやまおさむ

ミュージシャン、作詞家、精神科医として活躍してきた著者の自伝。波乱に満ちた人生を自ら分析し、生きるヒントを説く。鴻上尚史氏との対談を収録。

2025. 3

岩波現代文庫［文芸］

B338-339
ハルコロ (1)(2)
石坂啓漫画
本多勝一原作
萱野茂監修

一人のアイヌ女性の生涯を軸に、日々の暮らしや祭り、誕生と死にまつわる文化など、アイヌの世界を生き生きと描く物語。〈解説〉本多勝一・萱野茂・中川裕

B340
ドストエフスキーとの旅
—遍歴する魂の記録—
亀山郁夫

ドストエフスキーの「新訳」で名高い著者が、生涯にわたるドストエフスキーにまつわる体験を綴った自伝的エッセイ。〈解説〉野崎歓

B341
彼らの犯罪
樹村みのり

凄惨な強姦殺人、カルトの洗脳、家庭内暴力と息子殺し……。事件が照射する人間と社会の深淵を描いた短編漫画集。〈解説〉鈴木朋絵

B342
私の日本語雑記
中井久夫

精神科医、エッセイスト、翻訳家でもある著者の、言葉をめぐる多彩な経験を綴ったエッセイ集。独特な知的刺激に満ちた日本語論。〈解説〉小池昌代

B343
ほんとうのリーダーのみつけかた 増補版
梨木香歩

誰かの大きな声に流されることなく、自分自身で考え抜くために。選挙不正を告発した少女をめぐるエッセイを増補。〈解説〉若松英輔

2025.3

岩波現代文庫［文芸］

B344
狡智の文化史
―人はなぜ騙すのか―
山本幸司

嘘、偽り、詐欺、謀略……。「狡智」という厄介な知のあり方と人間の本性との関わりについて、古今東西の史書・文学・神話・民話などを素材に考える。

B345
和の思想
―日本人の創造力―
長谷川櫂

和とは、海を越えてもたらされる異なる文化を受容・選択し、この国にふさわしく作り替える創造的な力・運動体である。〈解説〉中村桂子

B346
アジアの孤児
呉濁流

植民統治下の台湾人が生きた矛盾と苦悩を克明に描き、戦後に日本語で発表された、台湾文学の古典的名作。〈解説〉山口守

B347
小説家の四季 1988−2002
佐藤正午

小説家は、日々の暮らしのなかに、なにを見つめているのだろう――。佐世保発の「ライフワーク的エッセイ」、第1期を収録！

B348
小説家の四季 2007−2015
佐藤正午

『アンダーリポート』『身の上話』『鳩の撃退法』、そして……。名作を生む日々の暮らしを軽妙洒脱に綴る「文芸的身辺雑記」、第2期を収録！

2025. 3

岩波現代文庫［文芸］

B349
増補 もうすぐやってくる尊皇攘夷思想のために
加藤典洋
幕末、戦前、そして現在。三度訪れるナショナリズムの起源としての尊皇攘夷思想に向き合うために。晩年の思索の増補決定版。〈解説〉野口良平

B350
大きな字で書くこと／僕の一〇〇〇と一つの夜
加藤典洋
批評家・加藤典洋が自らを回顧する連載を中心に、発病後も書き続けられた最後のことばたち。没後刊行された私家版の詩集と併録。〈解説〉荒川洋治

B351
母の発達・アケボノノ帯
笙野頼子
縮んで殺された母は五十音に分裂して再生した。母性神話の着ぐるみを脱いで喰らってウンコにした、一読必笑、最強のおかあさん小説が再来。幻の怪作「アケボノノ帯」併収。

B352
日没
桐野夏生
海崖に聳える〈作家収容所〉を舞台に極限の恐怖を描き、日本を震撼させた衝撃作。「その恐ろしさに、読むことを中断するのは絶対に不可能だ」(筒井康隆)。〈解説〉沼野充義

B353
新版 一陽来復
―中国古典に四季を味わう―
井波律子
巡りゆく季節を彩る花木や風物に、中国古典詩文の鮮やかな情景を重ねて、心伸びやかに生きようとする日常を綴った珠玉の随筆集。〈解説〉井波陵一

2025. 3

B354
未闘病記
―膠原病、「混合性結合組織病」の―
笙野頼子

芥川賞作家が十代から苦しんだ痛みと消耗は十万人に数人の難病だった。病と「同行二人」の半生を描く野間文芸賞受賞作の文庫化。講演録「膠原病を生き抜こう」を併せ収録。

B355
定本 批評メディア論
―戦前期日本の論壇と文壇―
大澤聡

論壇／文壇とは何か。批評はいかにして可能か。日本の言論インフラの基本構造を膨大な資料から解析した注目の書が、大幅な改稿により「定本」として再生する。

B356
さだの辞書
さだまさし

「目が点になる」の『広辞苑 第五版』収録をご縁に27の三題噺で語る。温かな人柄、ユーモアにセンスが溢れ、多芸多才の秘密も見える。〈解説〉春風亭一之輔

B357-358
名誉と恍惚（上・下）
松浦寿輝

戦時下の上海で陰謀に巻き込まれ、すべてを失った日本人警官の数奇な人生。その悲哀を描く著者渾身の一三〇〇枚。谷崎潤一郎賞、ドゥマゴ文学賞受賞作。〈解説〉沢木耕太郎

B359
岸惠子自伝
―卵を割らなければ、オムレツは食べられない―
岸惠子

女優として、作家・ジャーナリストとして、国や文化の軛〈くびき〉を越えて切り拓いていった、万華鏡のように煌〈きら〉めく稀有な人生の軌跡。

岩波現代文庫[文芸]

B360
かなりいいかげんな略歴
―エッセイ・コレクションⅠ 1984-1990―
佐藤正午

デビュー作『永遠の1/2』受賞記念エッセイである表題作、初の映画化をめぐる顛末記「映画が街にやってきた」など、瑞々しく親しみ溢れる初期作品を収録。

B361
佐世保で考えたこと
―エッセイ・コレクションⅡ 1991-1995―
佐藤正午

深刻な水不足に悩む街の様子を綴った表題作のほか、「ありのすさび」「セカンド・ダウン」など代表的な連載エッセイ群を収録。

B362
つまらないものですが。
―エッセイ・コレクションⅢ 1996-2015―
佐藤正午

『Y』から『鳩の撃退法』まで数々の傑作を著した壮年期の、軽妙にして温かな哀感漂うエッセイ群。文庫初収録の随筆・書評等を十四編収める。

B363
母の恋文
―谷川徹三・多喜子の手紙―
谷川俊太郎編

大正十年、多喜子は哲学を学ぶ徹三と出会い、手紙を通して愛を育む。両親の遺品から編んだ、珠玉の書簡集。〈寄稿〉内田也哉子。

B364
子どもの本の森へ
河合隼雄
長田弘

子どもの本の「名作」は、大人にとっても重要な意味がある! 稀代の心理学者と詩人が縦横無尽に語る、児童書・絵本の「名作」ガイドの決定版。〈解説〉河合俊雄

岩波現代文庫[文芸]

B365
司馬遼太郎の「跫音」
関川夏央

司馬遼太郎とは何者か。歴史小説家として、また文明批評家として、歴史と人間の物語をまなざす作家の本質が浮き彫りになる。

B366
文庫からはじまる
―「解説」的読書案内―
関川夏央

残された時間で、何を読むべきか？　迷ったときには文庫に帰れ！　読むぞ愉しき。「解説の達人」が厳選して贈る恰好の読書案内。

B367
物語の作り方
ガルシア＝マルケスのシナリオ教室
G・ガルシア＝マルケス
木村榮一訳

おもしろい物語はどのようにして作るのか？　稀代のストーリーテラー、ガルシア＝マルケスによる実践的〈物語の作り方〉道場！

2025. 3